法考应试薄讲义（主客一体）
三国法

赵明阳　编著
觉晓法考组　编

中国政法大学出版社
2024·北京

声　　明　　1. 版权所有，侵权必究。

　　　　　　2. 如有缺页、倒装问题，由出版社负责退换。

图书在版编目（CIP）数据

法考应试薄讲义：主客一体. 三国法 / 赵明阳编著；觉晓法考组编. -- 北京：中国政法大学出版社，2024.12. -- ISBN 978-7-5764-1779-1

Ⅰ. D92

中国国家版本馆CIP数据核字第2024GX6242号

出 版 者	中国政法大学出版社
地　　址	北京市海淀区西土城路25号
邮寄地址	北京100088 信箱8034分箱　邮编100088
网　　址	http://www.cuplpress.com（网络实名：中国政法大学出版社）
电　　话	010-58908285(总编室) 58908433（编辑部）58908334(邮购部)
承　　印	重庆天旭印务有限责任公司
开　　本	787mm×1092mm　1/16
印　　张	10.75
字　　数	266千字
版　　次	2024年12月第1版
印　　次	2024年12月第1次印刷
定　　价	63.00元

CSER 高效学习模型

觉晓坚持每年组建"名师 + 高分学霸"教学团队，按照 Comprehend（讲考点→理解）→ System（搭体系→不散）→ Exercise（刷够题→会用）→ Review（多轮背→记住）学习模型设计教学产品，让你不断提高学习效果。

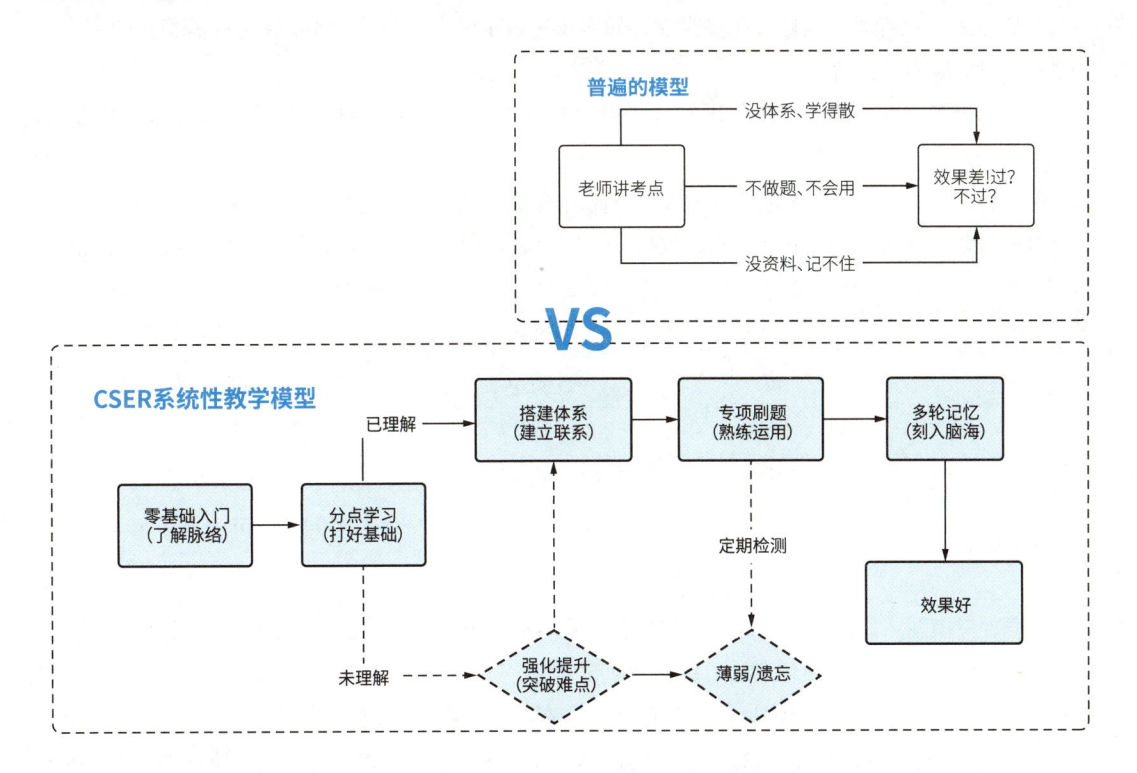

普遍的模型

老师讲考点 —— 没体系、学得散 —— 效果差！过？不过？
老师讲考点 —— 不做题、不会用 —— 效果差！过？不过？
老师讲考点 —— 没资料、记不住 —— 效果差！过？不过？

VS

CSER系统性教学模型

零基础入门（了解脉络）→ 分点学习（打好基础）→ 已理解 → 搭建体系（建立联系）→ 专项刷题（熟练运用）→ 多轮记忆（刻入脑海）→ 效果好

未理解 → 强化提升（突破难点）
定期检测 → 薄弱/遗忘

前面理解阶段跟名师，但后面记忆应试阶段，"高分学霸"更擅长，这样搭配既能保证理解，又能应试；时间少的在职考生可以直接跟"学霸"学习高效应试。

同时，知识要成体系性，后期才能记住，否则学完就忘！因此，觉晓有推理背诵图（推背图）、诉讼流程图等产品，辅助你建立知识框架体系，后期可以高效复习！

KEEP AWAKE

坚持数据化学习

"觉晓法考"APP已经实现"学→练→测→背→评"全程线上化学习。在学习期间，觉晓会进行数据记录，自2018年APP上线，觉晓已经积累了上百万条数据，并有几十万真实考生的精准学习数据。

觉晓有来自百度、腾讯、京东等大厂的AI算法团队，建模分析过线考生与没过线考生的数据差异，建立"过考模型"，指导学员到底要听多少课，做多少题，正确率达到多少才能飘过或者稳过。

过考模型的应用层包括：

1. 完整的过考方案和规划： 内部班的过考规划和阶段目标，均按照过考模型稳过或过考标准制定；让学员花更少地时间，更稳得过线。

2. 精准的过考数据指标： 让你知道过线每日需要消耗的"热量、卡路里"，有标准，过线才稳！

3. 客观题知识图谱： 按往年180分、200分学员学习数据，细化到每个知识点的星级达标标准，并根据考频和考查难度，趋势等维度，将知识点划分为ABCDE类。还能筛选"未达标"针对提分。

知识类型	考频	难度	学习说明
A	高	简单	必须掌握
B	高	难	必须掌握（主＋客）
C	中	简单	必须掌握
D	中	难	时间不够可放弃（主＋客）
E	考频低或者很难、偏		直接放弃

4. 根据过考模型＋知识图谱分级教学： BD类主客观都要考，主客融合一起学，E类对过考影响不大，可直接放弃，AC性价比高，简化背诵总结更能应试拿分，一些对过线影响不大的科目就减少知识点，重要的就加强；课时控制，留够做题时间，因为中后期做题比听课更重要！

5. AI智能推送查缺补漏包： 根据你学习的达标情况，精准且有效地推送知识点课程和题目，查漏补缺，让你的时间花得更有价值！

6. 精准预测过考概率（预估分）： 实时检测你的数据，对比往年相似考生数据模型，让你知道，你这样学下去，最后会考多少分！明确自己距离过线还差多少分，从而及时调整自己的学习状态。

注：觉晓每年都会分析当年考生数据，出具一份完整的过考模型数据分析报告，包括"客观题版""主客一体版""主观题二战版"，可以下载觉晓APP领取。

序 言

改革后，司法考试更名为国家统一法律职业资格考试，考试形式变更为两考制，其从业受众也由原来的法官、检察官、律师、公证员四类主体扩大为九类，从事行政处罚决定审核、行政复议、行政裁决的工作人员，以及法律顾问、仲裁员（法律类）这些职业，也需要拿到法律职业资格证。

与此同时，三国法作为法考科目中最容易拿分的学科，对于考生通过国家统一法律职业资格考试而言极为重要。常常有考生朋友们抱怨三国法枯燥、难学，本书专门针对法考三国法精心编撰，囊括了三国法必考重点、章节难点、经典考点，每章节开头以思维导图的形式明确知识点体系，创新性的采用表格对比形式快速记忆考点，反复精读本辅导资料可以在最短的时间内用最佳的效率获得最好成绩，轻松掌握三国法所有考点。

对于考生朋友们备考过程中可能会有的一些疑问，做如下说明与建议：

一、国际法内容庞杂，知识点杂乱。

对任何知识点的学习都应该做到提纲挈领、胸有成竹、胸中有丘壑，笔下自华章。国际法虽然知识点琐碎但学习难度较低，因此考生在学习国际法之前可以先对本部分内容做一个基本体系性的掌握，授课过程中也会加强大家的体系性学习意识。国际公法的考察难度较低，只要掌握基础知识国际公法即可得到一个很不错的分数。国际公法由国际法导论、国际法的主体与国际法律责任、国际法上的空间划分、国际法上的个人、外交关系法与领事关系法、条约法、国际争端的解决方式、战争与武装冲突法八个章节组成。考试重点围绕国际法的主体、国际法上的空间划分、外交关系法与领事关系法等章节进行考察。

二、国际私法要点明确，重者恒重。

国际私法主要由国际民商事关系的法律适用、国际民商事争议的解决、区际法律问题等章节组成。其中国际民商事关系的法律适用这一章节尤为重要，占据了国际私法70%的分值。因此学习国际私法时学习重点一定要放在法律适用章节，在考前能够把法律适用至少背诵三遍。国际民商事的法律适用虽然重要，然而其内容之多，记忆量之大远超考生负荷，本书创造性的采用PlanB秒杀速记形式，把所有相关的法律适用汇集总结，大大减轻考生朋友们的负担。

三、国际经济法灵活运用，理解为主。

国际经济法主要由国际经济法概述、国际货物买卖、国际货物运输与保险、国际贸易支付、对外贸易管理制度、世界贸易组织（WTO）、国际经济法领域的其他法律制度七个章节组成，其中国际经济法的考察主要围绕着贸易术语、运输制度、保险制度、托收和信用证、世界贸易组织展开。学习国际经济法重点在于理解，听课完成之后建议用图表的形式把重点知识进行总结归纳。

四、关于本书学习与复习的顺序问题。

三国法的学习难度按照国际法——国际私法——国际经济法的顺序逐渐递增，因此建议考生在复习的时候按照以上顺序进行，本书也采用该顺序进行编写，在系统讲解每一个具体知识点时，易混淆处有提醒考生的注意，对该理解、该运用的部分进行详细的分解、解析，掌握完相关知识点之后一定要做对应真题以检验自己掌握程度，增强实战能力，查缺补漏。

2025年，做法律路上照亮你明天的太阳，半山腰总是最挤的，我们得到山顶去看看。

赵明阳

目录 Contents

第一篇　国际公法

第一章　国际法导论 2
第二章　国际法的主体与国际法律责任 7
　第一节　国际法的主体 7
　第二节　国际法律责任 18
第三章　国际法上的空间划分 20
　第一节　领土 20
　第二节　海洋法 24
第四章　国际法上的个人 36
　第一节　国籍制度 36
　第二节　外国人的法律地位 39
第五章　外交关系法与领事关系法 44
第六章　条约法 51
第七章　国际争端的解决方式 59
第八章　战争与武装冲突法 64

第二篇　国际私法

第一章　国际私法概述 70
第二章　冲突规范和准据法 73
第三章　适用冲突规范的制度 76
第四章　国际民商事关系的法律适用 82
　第一部分：总则篇 83
　第二部分：物权篇 86
　第三部分：合同篇 88
　第四部分：侵权篇 89
　第五部分：婚家篇 92
　第六部分：商事篇 96
第五章　国际民商事争议的解决 99
　第一节　仲裁篇：国际商事仲裁 99
　第二节　诉讼篇：国际民事诉讼 103
第六章　区际法律问题 111
　第一节　区际文书送达 111
　第二节　区际调查取证 112
　第三节　区际法院判决和仲裁的认可与执行 113

第三篇　国际经济法

第一章　国际经济法概述 117
第二章　国际货物买卖 118
　第一节　《国际贸易术语解释通则》 118
　第二节　《联合国国际货物销售合同公约》 121
第三章　国际货物运输与保险 126
　第一节　国际货物运输 126
　第二节　国际货物运输保险 129
第四章　国际贸易支付 135
　第一节　汇付和托收 135
　第二节　银行信用证 137
第五章　对外贸易管理制度 141
　第一节　《对外贸易法》 141
　第二节　贸易救济措施 142
第六章　世界贸易组织（WTO） 148
第七章　国际经济法领域的其他法律制度 154

第一编　国际公法

国际公法体系

第一章　国际法导论 ⎫
第二章　国际法的主体与国际法律责任 ⎬　国际法主体：个人、国家、联合国
第三章　国际法上的空间划分 ⎬
第四章　国际法上的个人 ⎭

第五章　外交关系法与领事关系法 ⎫
第六章　条约法 ⎬　和平

第七章　国际争端的解决方式 ⎫
第八章　战争与武装冲突法 ⎬　战争

第一章 国际法导论

考点一、国际法的渊源【国际法的渊源与效力 E】①

国际法的概念：国际法是以国家间关系为主要调整对象的法律，是对国家间（及政府间国际组织和某些特定的政治实体）在彼此往来中有法律拘束力的规则、原则和制度的总称。法考中的"国际公法"也叫做"国际法"。

国际法的渊源：国际法作为有效的法律规则存在和表现的方式，也就是解决国际争端所能直接引用的法律依据。

▲国际法的渊源有且只有三个：国际条约、国际习惯和一般法律原则（必记）。

（一）国际条约

1. 国际条约是国际法主体之间缔结的、以国际法为准的、规定当事方权利义务的协议。国际条约一旦生效，对缔约国具有拘束力。
2. 公约对缔约国当事人一般都适用，除非当事人明确排除，则不适用。可国际经济法中的国际惯例必须当事人明确表示适用时才适用。
3. 国际条约是现代国际法最主要的法律渊源，原则上只约束缔约国。

（二）国际习惯

1. 国际习惯的构成要素有两个：一是存在于各国的反复一致地从事某种行为的实践；二是要求上述的重复一致的行为模式被各国认为具有法律拘束力，即存在所谓法律确信。
2. 国际习惯存在的证明：官方的文书和实践。

国际习惯是实践的产物，具有不成文的特点。要证明一项国际习惯的存在，必须举证，从官方的文书和实践中寻找：

（1）国家的国内立法、司法、行政实践和有关文件；
（2）国际组织和机构的各种文件，包括决议、判决等；
（3）国家间的各种文书和外交实践。

3. 国际习惯是国际法最古老、最原始的渊源，国际习惯一旦形成，约束所有国际法主体。

---

① 本讲义在章、节等标题处标注了该部分知识内容在觉晓法考 App 知识图谱中的对应知识点名称、星级，方便考生听完课后就去做相对应的题目。知识图谱是觉晓法考坚持科学备考、分级教学的具体应用，知识点的星级含义请参见讲义目录前的"坚持数据化学习"页。

（三）一般法律原则

1. 一般法律原则是指各国法律体系中所共有的一些原则，如善意、禁止反言等。一般法律原则的作用是填补法院审理案件时可能出现的，由于没有相关的条约和习惯可以适用而产生的法律空白。它在国际司法实践中处于补充和辅助地位，很少被单独适用。

2. 一般法律原则约束所有国际法主体。

> **PlanB：** 国际法的渊源，除了国际条约只约束缔约国，其他约束所有国际法主体。

判断分析

1. 国际法院的判决对争端当事国具有约束力，属于国际法的渊源。该说法是否正确？【错误。国际法的渊源有且只有三个：国际条约、国际习惯和一般法律原则，国际法院的判决不属于国际法的渊源。】

2. 国际条约是国际法的一部分，对所有国际法主体都具有约束力。该说法是否正确？【错误。国际条约是现代国际法最主要的法律渊源，原则上只约束缔约国。】

3. 国际习惯只有经国际法主体明确选择适用，才对特定的主体具有法律拘束力。该说法是否正确？【错误。国际习惯是国际法最古老、最原始的渊源，国际习惯一旦形成，约束所有国际法主体。】

考点二、国际法的效力【国际法的渊源与效力 E】

（一）国际法的强制力（了解即可）

国际法的最大特点是强制力的依据和方式特殊。

一国之内存在超越个体之上的有组织的国家强制机器，国内法的强制力由该国家强制机器实施和保障；但国际上没有超越国家主权的强制机器，所以国际法的强制力不能通过国家强制机器实现，只可以通过国家本身单独或集体的行动来实现。

▲国际条约在我国国内的适用实践（务必掌握三种情形）

A 国际条约　　选择　　B 国内法律

1. 国际条约直接适用并优先适用（用国际条约）——民商事条约（知识产权条约已经转化或需要转化的除外）
2. 须经国内法转化才能适用（用国内法）——WTO 协议、知识产权条约中应当转化的
3. 国际条约与国内法同时适用——外交关系和领事关系条约

> **PlanB：** 国际条约的适用——趋利避害，谁好用谁。
> 民商——用国外的（知识产权除外）；
> WTO、知产——用国内的；
> 领事外交——同时适用。

判断分析

1. 我国缔结的任何未作保留的条约的条款与我国相关国内法的规定不一致时，都优先适用条约的规定。该说法是否正确？【错误。国际条约在我国国内的适用实践分三种情形，不是一律优先适用条约。】

2. 我国加入或缔结的民商事条约在我国均具有直接适用并优先适用的效力。该说法是否正确？【错误。民商事条约中，WTO协议、知识产权条约须经国内法转化才能适用。】

考点三、国际法的基本原则【国际法的基本原则 E】

国际法的基本原则是指被各国公认的、具有普遍意义的、适用于国际法一切效力范围内的国际法原则。国际法基本原则在性质上属于一般法律原则，国际法的基本原则的内容主要有以下六个。

（一）国家主权平等原则

国家主权平等原则表现为三个方面：对内的最高权、对外的独立权和自卫权。国家主权的重要部分是领土完整，一个国家是否真正独立和享有主权，最主要的依据就是该国的国家领土是否完整。

（二）不干涉内政原则

首先内政与发生在境内境外无关，内政是指属于国内管辖且不违背国际法原则和规则的事项。内政的实质是国家在其管辖的领土上行使最高权力的表现。任何国家都不可以任何借口干涉他国的内政与外交事务，不可强迫他国接受别国的意志，不可对别国进行直接或间接的干涉。

> **PlanB:** 内政 = 国内能管辖 + 不违法。

（三）▲不得使用威胁或武力原则（重要）

1. 不得使用威胁或武力原则并不是禁止一切武力的使用，凡是符合《联合国宪章》和国际法规则的武力使用是被允许的，包括国家对侵略行为的自卫行动和联合国集体安全制度下的武力使用。

2. 不得使用武力原则首先禁止侵略行为，禁止非法进行武装攻击，同时还包括禁止从事武力威胁和进行侵略战争的宣传。

（四）▲和平解决国际争端原则（重要）

和平解决国际争端原则要求国家间在发生争端时，各国都必须采取和平方式予以解决，禁止将武力或武力威胁的方式付诸于任何国际争端的解决过程。和平并不等于非武力，国家的自卫行动和联合国集体安全制度下的武力使用虽然都使用了武力，但仍然属于和平手段。

> **PlanB:** 和平不等于不能动武，"为和平而战"。
> （允许两种武力：国家对侵略行为的自卫行动和联合国集体安全制度下的武力使用）。

（五）▲民族自决原则（重要）

民族自决原则最初指在帝国主义殖民统治和奴役下的被压迫民族有权自主决定自己的命运，建立民族独立国家的权利。

民族自决原则适用于所有民族，我国 56 个民族都适用。但民族自决原则中独立权的范围，只严格适用于殖民统治下民族的独立。

> **PlanB：** 只要是民族就享有民族自决，但独立权只能被压迫才能独立。

（六）善意履行国际义务原则

善意履行国际义务是指国家对于公认的国际法原则和规则产生的义务，既包括其作为缔约国参加的条约而产生的义务，也包括因习惯国际法产生的义务。这种履行应真诚、善意、全面，即所谓"约定必守"。由于国际社会的特殊性，自觉善意履行国际法义务尤为重要。

注意：关于有约必守。

1.缔约国有权制定与其缔结或参加的国际条约内容不一致的国内法，只要在国内法和条约发生冲突时保证条约优先适用即可。

2.如果一条约为第三国设定了权利或义务，原则上都须经第三国同意才能适用于该第三国。

> **PlanB：** 善意履行就是有约必守，诚信。

⚖ 判断分析

1.国际法基本原则构成国际法的一部分。该说法是否正确？【正确。国际法基本原则属于国际法的渊源，构成国际法的一部分。】

2.国家间发生争端时，各国都必须采取和平方式予以解决。该说法是否正确？【正确。和平永远是正确的。】

3.国家间发生争端时，各国都必须采取非武力手段予以解决。该说法是否正确？【错误。和平不等于非武力，可以使用两种武力：国家对侵略行为的自卫行动和联合国集体安全制度下的武力使用。】

4.民族自决原则只适用于殖民统治下的民族。该说法是否正确？【错误。民族自决原则适用于所有民族。】

5.对于一国国内的民族分离主义活动，民族自决原则没有为其提供任何国际法根据。该说法是否正确？【正确。民族自决原则只支持合法的活动，不支持民族分离主义、民族分裂主义活动，民族自决原则没有为其提供任何国际法根据。】

6.关于国际法基本原则，下列哪些选项是正确的？（多选）

A.国际法基本原则具有强行法性质

B.不得使用威胁或武力原则是指禁止除国家对侵略行为进行的自卫行动以外的一切武力的使用

C.对于一国国内的民族分离主义活动，民族自决原则没有为其提供任何国际法根据

D.和平解决国际争端原则是指国家间在发生争端时，各国都必须采取和平方式予以解决

【考点】国际法基本原则、和平解决国际争端

【解析】所谓强行法，即必须遵守必须执行的法律规范。国际法基本原则都具有国际强行法的性质，基本原则必须被遵守。选项 A 正确。

不得使用威胁或武力原则不允许动武，但两种情况下例外：自卫行动和联合国集体安全制度下的武力使用，"和平地揍你"。选项 B 错误。

独立，被殖民被压迫才有独立。民族自决原则中独立权的范围，只严格适用于殖民地民族的独立。对于一国国内的民族分离主义活动，民族自决原则没有为其提供任何国际法根据。选项C正确。

和平解决国际争端原则是指国家间在发生争端时，各国都必须采取和平方式予以解决。虽然说可以"和平地揍你"，在自卫行动和联合国集体安全制度下的武力使用两种情况下可以动武，但请注意，这是"和平之师"，不是违法暴力，不违背和平的基本原则。选项D正确。

综上，本题正确答案为选项ACD。

【得分速记】

一、和平不等于不能揍你，人要善良但有锋芒，可以和平地揍你：自卫行动和联合国集体安全制度下的武力使用。

二、独立权只在被殖民被压迫的情况下才有，和平国家中的民族不存在使用独立权的前提条件。

【第一章必背句】

1 国际法的渊源有且只有三个：国际条约、国际习惯和一般法律原则。

2 国际法的渊源，除了国际条约只约束缔约国，其他约束所有国际法主体。

3 国际条约的适用——趋利避害，谁好用谁。

（民商——用国外的；WTO、知产——用国内；领事外交——同时适用）

4 内政 = 国内能管辖 + 不违法。

5 和平不等于不能动武，可以和平地揍你。

（允许两种武力：国家对侵略行为的自卫行动和联合国集体安全制度下的武力使用）

6 只要是民族就享有民族自决，但独立权只能被压迫才能独立。

7 善意履行就是有约必守，诚信。

第二章 国际法的主体与国际法律责任

第一节 国际法的主体

国际法主体是指具有享有国际法上权利和承担国际法上义务能力的国际法律关系参加者。常见的国际法主体包括主权国家、政府间国际组织、某些特定的民族解放组织等。

考点一、主权国家

在国际法中，国家的构成必须具备四个要素（了解即可）：

（1）定居的居民；

（2）确定的领土；

（3）政府；

（4）主权。

其中，主权是国家区别于其他实体的根本标志，独立权、平等权、自保权和管辖权是主权国家的基本权利。

（一）国家主权豁免（重要）【国家的基本权利A】

国家主权豁免，又称国家管辖豁免。是指国家的行为和财产不受（或免受）他国立法、司法及行政的管辖，但通常仅指国家不受他国国内法院管辖，即非经一国同意，该国的国家行为和财产不得在外国法院被管辖，该国在外国的财产也不得被扣押或强制执行。

本质：国家不受他国国内法院管辖

> **PlanB**：别管我。

国家主权豁免包括国家主权绝对豁免和相对豁免（限制豁免）。

1. ▲国家主权绝对豁免

（1）非经一国同意，国家的行为及其财产不受或免受他国国内法院管辖。国家主权豁免是主权国家独立权和平等权的体现。

（2）对国家主权豁免的放弃必须是自愿、特定和明确的。

特定要求放弃的行为针对某一特定的案件，曾经在某一案件中放弃了管辖豁免不等于永远放弃豁免权。

明确放弃包括明示放弃和默示放弃两种：

①明示放弃是指国家或其授权的代表通过条约、合同、其他正式文件或声明，事先或事后以明白的语言文字表达就某种行为或事项上豁免的放弃。

②默示放弃是指国家通过在外国法院的与特定诉讼直接有关的积极的行为（诉行为），表示其放弃豁免而接受法院管辖，包括：

A. 国家作为原告在外国法院提起诉讼、正式出庭应诉、提起反诉或作为利害关系人介入特定诉讼等"诉"行为。

B. 派代表出庭并不一定意味着放弃管辖豁免。

> **PlanB:** 放弃全部是诉行为。

国家对于管辖豁免的放弃，并不意味着对执行豁免的放弃。绝对豁免和相对豁免的差异体现在管辖豁免上，但两种理论都坚持国家享有绝对的执行豁免，国家的财产不得被查封、冻结、扣押等。

> **PlanB:** 管辖归管辖，执行归执行，放弃各论各的。

2. 相对豁免理论

限制豁免理论将国家行为分为统治行为和商业行为，认为国家的商业行为不应享有豁免权。不是放弃豁免，是没有豁免权。

注意：我国采纳相对豁免主义制度。

外国国家与包括中华人民共和国在内的其他国家的组织或者个人进行的商业活动，在中华人民共和国领域内发生，或者虽然发生在中华人民共和国领域外但在中华人民共和国领域内产生直接影响的，对于该商业活动引起的诉讼，该外国国家在中华人民共和国的法院不享有管辖豁免。

（1）内容：

A 国家的管理行为：享有管辖豁免权，但可以放弃；

B 国家的商业行为：没有管辖豁免权，他国法院可管辖。

此处的商业活动是指非行使主权权力的关于货物或者服务的交易、投资、借贷以及其他商业性质的行为。比如：商业行为产生的诉讼、中国境内履行的劳动合同纠纷（涉及特权与豁免的除外）、中国境内行为导致的损害赔偿诉讼、涉及外国国家权益或义务的财产诉讼、受中国法保护的知识产权归属及相关权益纠纷。

> **PlanB:** 民商纠纷。

（2）放弃管辖豁免不等于同时放弃了执行豁免。除非国家放弃执行豁免权，否则国家的财产不得被查封、冻结、扣押等。

秒杀 PlanB 图：

	绝对豁免	相对豁免
管辖豁免权	×	× （商业可以直接管）
执行豁免权	×	×

总结：两种观点都承认国家原则上享有完全的（执行）豁免权，只是在（管辖）上略有不同。

第二章 国际法的主体与国际法律责任

> **PlanB：国际主权豁免必记三句话：**
> 1 国家主权豁免本质：国家不受他国国内法院管辖。"别管我"。
> 2 只要是权利都能放弃。管辖豁免权、执行豁免权皆可放弃。
> 3 管辖是管辖，执行是执行，放弃各论各的。
> 4 诉行为（单次放弃）：国家起诉、正式出庭应诉、提起反诉或作为利害关系人介入诉讼。

判断分析

1. 一国派代表出庭，不一定意味着其默示接受了他国法院的管辖。该说法是否正确？【正确。一国派代表出庭不一定意味着其默示接受了他国法院的管辖，必须要出庭参与诉讼的具体行为。】

2. 提起反诉是对管辖豁免的默示放弃。该说法是否正确？【正确。提起反诉属于诉行为，构成对管辖豁免的默示放弃。】

3. 相对豁免理论主张国家若从事商业行为，即意味着默示放弃了管辖豁免权。该说法是否正确？【错误。不是放弃而是没有豁免权。】

4. 相对豁免理论主张国家对其商业行为产生的纠纷，不再享有管辖豁免和执行豁免权。该说法是否正确？【错误。没有管辖豁免权，但是拥有执行豁免。】

5. 甲国是一个主张绝对豁免主义的国家，中国缤纷夏日有限责任公司将一万瓶香水以一千万元的价格卖给甲国政府，因为甲国政府迟迟不支付货款，中国缤纷夏日有限责任公司无奈将甲国政府诉诸中国法院。依据中国有关法律规定，请问关于本案下列哪项说法是错误的？（多选）

A. 因为甲国是一个主张绝对豁免的国家，所以本案中甲国享有管辖豁免权
B. 我国法院原则上不可对该案件进行管辖，除非甲国政府明确放弃管辖豁免特权
C. 原则上我国法院可以对甲国财产进行查封
D. 如第三国法院曾对甲国强制执行判决，则我国法院可对甲国强制执行判决

【考点】国际法律责任、国家主权豁免
【解析】
　　一定注意审题，题目中明确"依据中国有关法律规定"，中国采纳相对豁免主义制度，所以应当采用相对豁免做题，认为甲国在本案中没有管辖豁免。选项 A 错误。
　　依据相对豁免（限制豁免）主义的观点，国家在从事商业行为时没有管辖豁免特权，谈不上放弃而是根本就没有。选项 B 错误。
　　我国坚持相对豁免主义，依据该观点，国家原则上享有完全的执行豁免权，除非国家明示对该特权表示放弃。本题中查封属于执行措施，除非甲国政府明确放弃执行特权，否则原则上我国法院不可以对甲国财产进行查封。选项 C 错误。
　　国家享有完全的执行豁免，除非国家明确放弃，对国家主权豁免的放弃必须是自愿、特定和明确的。特定要求放弃的行为针对某一特定的案件，曾经在某一案件中放弃了管辖或执行豁免不等于永远放弃豁免权。选项 D 错误。
　　综上，本题正确答案为选项 ABCD。

【得分速记】
　　依据相对豁免主义的观点，国家在从事商业行为时没有管辖豁免特权。

9

6. 乙国大使馆与中国公民王某签订设备买卖合同，后来因款项支付发生纠纷，王某将乙国大使馆诉至中国某法院，若依据绝对豁免，请问下列乙国大使的哪一行为可以视为中国法院对本案具有管辖权？（单选）

A 乙国大使出庭抗议中国法院的管辖权

B 乙国大使出庭并同意适用中国法律审理本案

C 乙国大使针对本案实体问题提出反诉

D 乙国大使出庭针对本案主张豁免

【考点】国家主权豁免

【解析】

所谓豁免就是一国的行为不受他国国内法院管辖。豁免可以放弃，包括明示放弃和默示放弃两种，其中默示放弃是指主动起诉、出庭应诉、提起反诉、作为利害关系人介入诉讼等诉行为。

出庭要区分情况，如果出庭对诉讼的实体问题进行抗辩可以视为该国放弃了豁免，但如果出庭抗议对方法院的管辖权则不意味着放弃。选项 A、选项 D 错误，选项 C 正确。

法律适用属于国际私法的问题，是法律的适用而不是诉讼行为，一国同意适用另一国的法律不是诉行为，不意味着放弃。选项 B 错误。

综上，本题正确答案为选项 C。

【得分速记】

只有"诉行为"才是放弃管辖豁免特权。

（二）承认【国际法上的承认与继承 C】

承认是指现存国家对于新国家、新政府或其他事态的出现，以一定的方式表示接受或同时表明愿意与其发展正常关系的政治法律行为。

1. 承认的主体：国家和政府间国际组织。

2. 承认的对象：新国家、新政府、民族解放组织及交战团体、叛乱团体、特定情况下的领土情势、国际情势和条约。

3. 一般与新国家一起诞生的新政府不存在国际法中的承认问题，只有激烈社会变革或政变的前提下，才有政府承认问题的探讨。

4. 承认是一种单方行为。承认本身并不会构成成为国际法主体的条件，它只是一种单方面的宣告与肯定。

5. 对新国家或对新政府的承认取决于被承认对象是否经历了领土变更，而不是承认主体的措辞，如果被承认对象经历了领土的合并、分离、分立、独立等，都属于对于新国家的承认，如果没有则属于对新政府的承认。

6. 法律承认与事实承认：

法律上的承认包括明示承认和默示承认，与之相对应的是事实承认。法律承认是认定被承认者是作为法律的正式人格的存在，表明承认者愿意与被承认者发展全面正常的法律关系。事实承认是指为了达到某种目的，国家和某个对象进行某种商业或经济等方面的交往。

需要注意的是，法律承认是正式的，不可撤销；事实承认是非正式的，可以撤销。

第二章　国际法的主体与国际法律责任

> **PlanB：**
> 法律承认——类似法律婚（和你搞政治）
> 事实承认——类似事实婚（除了政治，其他都能给你）

法律承认的分类：

（1）明示承认：承认者用明确的语言文字直接表达的承认。
①由承认国以照会、声明、电报、函电正式通知被承认者；
②派特使前往参加成立典礼。

（2）默示承认：承认者通过一定行为间接表达出来的承认，即在实际上建立某种关系而不明确提及承认：
①与承认对象建立正式外交关系；
②正式接受领事；
③与承认对象缔结正式的政治性条约；
④正式投票支持参加仅对国家开放的国际组织等行为。

> **PlanB：** 默示承认特点——建立政治关系。

一般而言，对于新国家的承认，不可逆转，但是对于新政府的承认则意味着对于旧政府承认的撤销。

⚖ 判断分析

1. 甲、乙两国合并为丙国，这在国际法上将同时产生新国家和新政府承认的问题。该说法是否正确？【错误。与新国家一起诞生的新政府不存在国际法中的承认问题，只有激烈社会变革或政变的前提下才有政府承认问题的探讨。】

2. 投赞成票支持加入联合国构成国际法意义的承认。该说法是否正确？【正确。联合国是只对国家开放的国际组织。正式投票支持参加仅对国家开放的国际组织属于默示承认。】

3. 条约只能在国际法主体之间缔结，签订国际条约即构成法律意义的承认。该说法是否正确？【错误。只有签订政治性条约才属于法律意义的承认。】

4. 对新政府的承认即意味着对旧政府承认的撤销。该说法是否正确？【正确。对于新政府的承认则意味着对于旧政府承认的撤销。】

5. 甲乙二国建立正式外交关系数年后，因两国多次发生边境冲突，甲国宣布终止与乙国的外交关系。根据国际法相关规则，下列哪一选项是正确的？（单选）

A. 甲国终止与乙国的外交关系，并不影响乙国对甲国的承认
B. 甲国终止与乙国的外交关系，表明甲国不再承认乙国作为一个国家
C. 甲国主动与乙国断交，则乙国可以撤回其对甲国作为国家的承认
D. 乙国从未正式承认甲国为国家，建立外交关系属于事实上的承认

【考点】国际法上的承认

【解析】承认是指现存国家对于新国家、新政府或其他事态的出现，以一定的方式表示接受或同时表明愿意与其发展正常关系的政治法律行为。法律承认是认定被承认者是作为法律的正式人格的存在，

11

表明承认者愿意与被承认者发展全面正常的法律关系。事实承认是指为了达到某种目的，国家和某个对象进行某种商业或经济等方面的交往。

法律承认包括明示承认和默示承认两种。

明示承认：承认者用明确的语言文字直接表达的承认。

①由承认国以照会、声明、电报、函电正式通知被承认者；

②派特使前往参加成立典礼。

默示承认：承认者通过一定行为间接表达出来的承认，即在实际上建立某种关系而不明确提及承认。

①与承认对象建立正式外交关系；

②正式接受领事；

③与承认对象缔结正式的政治性条约；

④正式投票支持参加仅对国家开放的国际组织等行为。

建立外交关系属于法律承认中的默示承认，但法律承认是正式不可撤销的，因此，甲乙两国建立正式外交关系不可撤销，终止外交关系并不影响已经做出的承认。选项A正确，选项B、C、D错误。

综上，本题正确答案为选项A。

【得分速记】

法律承认是正式的，不可撤销；事实承认是非正式的，可以撤销。

（三）继承【国际法上的承认与继承C】

1. 条约的继承

（1）与领土有关的非人身性条约属于继承的范围：如边界条约、道路交通、水利灌溉等条约。

（2）人身性条约、政治性条约一般不予继承：如同盟条约、友好条约、共同防御条约。

（3）经济性条约如贸易协定、投资保护协定等：酌情继承。不排除有关国家达成协议或根据公约来解决继承问题。

（4）领土变更时：

①若国家合并，条约不适用于全部领土，仅适用于原来对其有效的那一部分继承国领土。

②若国家分离，对于原来全部领土有效的条约，对所有继承国有效；原来只对部分领土有效的条约，只对该部分领土的继承国有效。国家分立同理。

③若领土部分转移，出让国的条约对该领土不再有效，受让国的条约对领土生效。

④独立于殖民国家或宗主国新成立的国家，是否继承前者条约，原则上由其自主决定。

2. 国家财产的继承

（1）国家不动产的继承适用随领土转移原则。

（2）国家动产的继承适用领土实际生存原则，不论动产所处方位，只要哪块地与该动产联系最密切，该动产就随该地块一起被继承。

3. 国家档案的继承

国家档案的继承，一般先由各继承国与被继承国之间协议解决，如果没有协议，则采用与土地最密切联系原则。但新独立国家作为继承国的除外。

4. ★国家债务的继承（同公司法）

①若国家合并，国家债务转属于继承国；

②若国家分离、分立，首先依据协议解决国家债务，如若没有协议，则按照公平原则，依公平公正的比例转属继承国；

③独立于殖民国家或宗主国产生的新独立国家，对于前者的国家债务一般不继承，除非另有协议，同时这种协议不可以违背国际法有关原则。

> **PlanB:** 国家继承有协议看协议，没协议看领土。

判断分析

1. 甲国分立为乙、丙两国，甲国对外签订的下列哪些条约乙、丙两国应继承：海洋划界条约；双边投资条约；引渡条约；界河划界和使用条约。【海洋划界条约、界河划界和使用条约。关于条约，与领土有关的非人身性条约属于继承的范围。】

2. 甲国分立为"东甲"和"西甲"，甲国在联合国的席位由"东甲"继承，"西甲"决定加入联合国。"西甲"与乙国（联合国成员）交界处时有冲突发生。根据相关国际法规则，下列哪一选项是正确的？（单选）

　　A. 乙国在联大投赞成票支持"西甲"入联，一般构成对"西甲"的承认

　　B. "西甲"认为甲国与乙国的划界条约对其不产生效力

　　C. "西甲"入联后，其所签订的国际条约必须在秘书处登记方能生效

　　D. 经安理会9个理事国同意后，"西甲"即可成为联合国的会员国

【考点】国家的承认

【解析】承认是指现存国家对于新国家、新政府或其他事态的出现，以一定的方式表示接受或同时表明愿意与其发展正常关系的政治法律行为。秒杀技巧，承认是政治关系。乙国在联大投赞成票支持"西甲"入联，构成承认。选项A正确。

关于继承，领土有关的条约应该继承。所以划界条约对"西甲"是产生效力的。选项B错误。

条约的登记只是影响能不能引用，不影响效力。联合国任何会员国所缔结的一切条约应尽速在秘书处登记，未登记的条约，不得在联合国任何机关援引，但并不影响其效力。选项C错误。

实质性事项在安理会必须走实质程序，即安理会九个同意票且符合大国一致原则，而且仅有安理会通过是不够的，还需要向大会推荐，经大会审议并2/3多数通过，方能成为会员国。选项D错误。

综上，本题正确答案为选项A。

【得分速记】

（1）承认是建立政治关系，经济关系不算。

（2）条约不登记不影响其效力，只是不能在联合国任何机关援引而已。

考点二、国际组织【国际组织（含联合国）A】

国际组织包括政府间国际组织和非政府间国际组织。

（一）政府间国际组织

作为国际法主体的国际组织一般是指政府间国际组织，政府间国际组织成立和活动的依据是政府间

协议，联合国是迄今最重要的全球性政府间国际组织。

联合国主要机构：

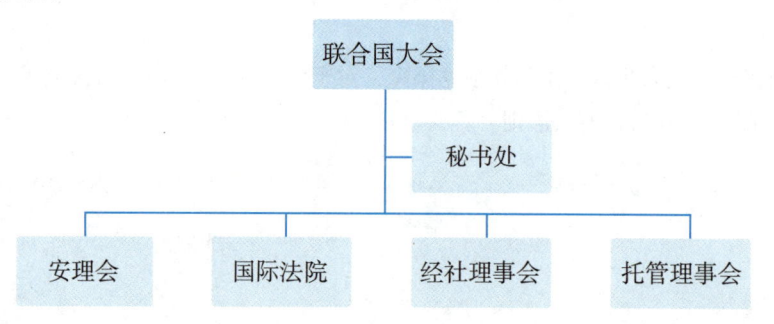

```
                    联合国大会
                        │
                       秘书处
          ┌─────────┬───┴────┬─────────┐
        安理会    国际法院   经社理事会   托管理事会
```

1. ▲联合国大会

（1）大会不是一个立法机关，主要是一个审议和建议机关。大会对于联合国组织内部事务通过的决议对会员国有拘束力，对于其他一般事项作出的决议属于建议性质，不具有法律拘束力。

（2）大会可以讨论《联合国宪章》范围内或联合国任何机关的任何问题，但安理会正在审议的除外。

（3）大会表决实行会员国一国一票制。对于一般问题的决议采取简单多数 1/2 通过，对于重要问题的决议，以出席并参加投票的会员国 2/3 的多数通过。

（4）联合国大会中的重要事项：

①与和平有关的事项；

②吸纳新会员、开除会员国或中止会员国义务的决议；

③须采取行动的；

④选举国际法官。

> **PlanB**：下列问题对于联合国大会属于重要内容——和平、会员国、采取行动、选国际法官。

2. ▲安全理事会

（1）安理会是联合国中唯一有权采取行动的机关。安理会由 5 个常任理事国（中美俄英法）和 10 个非常任理事国组成。非常任理事国由联合国大会选举，任期 2 年，不得连选连任。

（2）一国一票，15 个理事国通过事项全都是 9 票，不是 2/3 而是 9 票。

程序性事项决议的表决：9 个同意票即可通过。

实质性事项的表决：9 个同意票且大国一致。

（大国一致：任何一个常任理事国都享有一票否决权）。

> **PlanB**：【安理会表决】
>
> 遇到安理会表决先看有没有 9 票。
>
> 再看形式实质：形式直接通过，实质需要 9 票 + 大国没反对。

安理会中的实质性事项：

①与和平有关的事项；

②吸纳新会员、开除会员国或中止会员国义务的决议；

③须采取行动的；
④选举秘书长。

> **PlanB:** 下列问题对于安理会属于重要内容——和平、会员国、采取行动、选秘书长。

关于和平解决争端的决议，作为争端当事国的理事国不得投票，但有关采取执行行动的决议，其可以投票，常任理事国可以行使否决权。

3. 秘书处

（1）★秘书长先由安理会采取实质性事项表决程序推荐候选人，再由联合国大会以简单多数表决通过。

（2）安理会常任理事国的国民不得担任秘书长职务。秘书长任期5年，可连选连任一次，联合国大会任命。

（3）秘书处是联合国的常设行政管理机关，为联合国的其他机关提供服务，并执行这些机关制定的计划和委派的任务。秘书处所有职员，均由秘书长按照大会所规定的章程委派。

4. 国际法院

（1）法官候选人只有同时在大会（2/3以上）和安理会（9票以上，程序就行不需实质）中获得绝对多数票时才能当选。法官任期9年，可连选连任。

作为联合国的司法机关，国际法院由15名法官组成，其中不得有2人为同一国家的国民。常设仲裁法院的各国团体提名法官，每团体提名人数不可超过4人，由联合国秘书长将名单交给大会和安理会进行选举。

> **PlanB:** 选举国际法官和秘书长——一松一紧。
> 　　秘书长：大会形式+安理会实质。
> 　　国际法官：大会实质+安理会形式。

（2）专案法官：所谓专案法官，即一次性法官。指的是在法院受理案件中，如果双方当事国一国有本国籍的法官，没有的另一方当事国可以选派一人作为专案法官参加案件的审理。双方都没有，都可以选派一名专案法官参与案件的审理。专案法官与正式法官具有完全平等的权利。

> **PlanB:** 只要审案时没有自己国家的法官，就可以申请专案法官。

（3）国际法院在管辖时，主要行使诉讼管辖权和咨询管辖权。

诉讼管辖权对应的主体是国家，国际组织、法人、个人均不可以成为国际法院的诉讼当事者。国际法院作出的判决具有拘束力。

咨询管辖权是指国际法院对于法律问题提出的权威性意见，没有拘束力，能请求法院提供咨询意见的主体包括联合国大会及大会临时委员会、安理会、经社理事会、托管理事会、申请委员会、经大会授权的联合国专门机构或者其他机构。

> **PlanB:** 双方诉讼，单方咨询。

5. 经济及社会理事会

经社理事会是在大会权力下，负责协调联合国及各专门机构间经济社会工作的机关。其主要由 54 个理事国组成，理事国任期 3 年可以连选连任，理事国的决议采用简单多数制，每个理事国都有一个投票权。

6. 托管理事会

联合国托管理事会，简称托管理事会，是联合国的一个主要机关，规定其任务为监督置于托管制度之下的托管领土的管理。托管制度的主要目标是促进托管领土居民的进展以及托管领土朝自治或独立方向逐渐发展。托管理事会由安全理事会的 5 个常任理事国组成。

7. 补充：联合国专门机构

联合国专门机构，是指根据特别协定而同联合国建立关系的或根据联合国决定而创设的那种对某一特定业务领域负有国际责任的政府间专门性国际组织。这些国际组织无论在组织上或者是在活动上都是独立的，它们不是联合国的附属机构，只不过是根据协定与联合国建立特殊的法律关系。它们按照自己的成立章程自主活动，与联合国的合作是通过与经社理事会的协商来完成的。

（二）非政府间国际组织（了解即可）

非政府间国际组织是由不同国家的社会团体或个人组成的组织。它与政府间的国际组织相对。这类组织是其成员根据共同的愿望和要求，为解决国际间非政治性的问题或发展某一事业而组成的。非政府间国际组织一般建有常设工作机构。这种组织的活动，对促进各国人民之间的友好往来、增进人民之间的相互了解和友谊，具有一定的影响和推动作用。非政府间国际组织在特殊情况下，可以解决政府间国际组织难以解决的问题，如国际红十字会等。非政府间国际组织的成立及活动主要是由各相关国家的国内法加以规范。

⚖ 判断分析

1. 大会就和平与安全事项通过的决议对所有联合国会员国具有约束力。该说法是否正确？【正确。大会对于联合国组织内部事务通过的决议对会员国有拘束力。】

2. 联合国大会不是联合国的立法机关，其通过的决议只具有建议性质。该说法是否正确？【错误。大会不是立法机关，事项是否有拘束力取决于内外效力，对内大会对于联合国组织内部事务通过的决议对会员国有拘束力，对外其他事项的决议只具有建议性质。】

3. 联合国秘书长由安理会按实质性事项表决程序推荐候选人，经大会简单多数表决通过后获任。该说法是否正确？【正确。秘书长先由安理会采取实质性事项表决程序推荐候选人，再由联合国大会以简单多数表决通过。】

4. 常任理事国对国际法院法官的选举没有否决权。该说法是否正确？【正确。安理会选举国际法官属于程序性事项，常任理事国对国际法院法官的选举没有否决权。】

5. 对实质性决议的表决，常任理事国的弃权或缺席不影响其通过。该说法是否正确？【正确。实质性事项常任理事国的否决影响其通过，弃权或缺席不影响。】

6. 若提交安理会表决的决议包含采取行动的内容，理事国作为争端当事国有权投票，常任理事国仍可行使其否决权。该说法是否正确？【正确。作为争端当事国的理事国不得投票，但有关采取执行行动

的决议,其可以投票,常任理事国可以行使否决权。}

7.联合国会员国甲国出兵侵略另一会员国。联合国安理会召开紧急会议,讨论制止甲国侵略的决议案,并进行表决。表决结果为:常任理事国4票赞成、1票弃权;非常任理事国8票赞成、2票否决。据此,下列哪一选项是正确的?(单选)

A.决议因有常任理事国投弃权票而不能通过

B.决议因非常任理事国两票否决而不能通过

C.投票结果达到了安理会对实质性问题表决通过的要求

D.安理会为制止侵略行为的决议获简单多数赞成票即可通过

【考点】安理会的表决制度

【解析】安理会的表决机制分为实质性事项和程序性事项:

①实质性事项:9个同意票+"大国一致"(任何一个常任理事国都没有投出否决票;弃权或缺席不被视为否决);

②程序性事项:9个同意票。

其中实质性决议包括须采取行动的、推荐秘书长的、吸纳新会员、中止会员国义务或开除会员国的决议;程序性决议包括安理会表决国际法官人选。

本题讨论制止侵略的方案毫无疑问属于实质性事项,应当按照9个同意票+"大国一致"表决通过。先看票数,12个赞成票,票数满足条件;再看大国一致,常任理事国4票赞成、1票弃权,满足大国一致,因此该表决通过。选项A、B、D错误,选项C正确。

综上,本题正确答案为选项C。

【得分速记】

考察安理会很简单,先看票数是否满足9票,再看是实质还是程序,如果是实质只需要大国一致即可。

8.强丰公司为甲国的一家国有企业,因开发甲乙两国边界的地下资源与甲国政府签订了一份特许协议。在开发边界地下资源的过程中,涉及与乙国的领土争端,甲国欲向国际法院提起诉讼。下列选项正确的是?(单选)

A.强丰公司的行为可以归因为甲国的国家行为

B.如审理案件中乙国发现有甲国法官,则可以申请一位本国籍的"专案法官"

C.如国际法院判决乙国败诉但乙国不执行判决,则甲国可申请国际法院强制执行该判决

D.国际法院作出的判决可以成为国际法的渊源,对联合国所有会员国均有约束力

【考点】国际法院

【解析】国家行为要以国家名义用于国务事项,和国有企业没有必然关系。选项A说法错误。

所谓专案法官,即一次性法官。指的是在法院受理案件中,如果双方当事国一国有本国籍的法官,没有的另一方当事国可以选派一人作为专案法官参加案件的审理。双方都没有,都可以选派一名专案法官参与案件的审理。专案法官与正式法官具有完全平等的权利。选项B说法正确。

在国际社会上,唯一具有强制执行力的只有安理会。若一方拒不履行国际法院判决,他方得向安理会提出申诉。选项C错误。

国际法的渊源有且只有三个:国际条约、国际习惯和一般法律原则。所以国际法院的判决不能成为国际法渊源,并非对所有联合国成员国都有约束力。选项D错误。

综上,本题正确答案为选项B。

【得分速记】
（1）在国际社会上，唯一具有强制执行力的只有安理会。
（2）国际法的渊源有且只有三个：国际条约、国际习惯和一般法律原则。

第二节　国际法律责任【国际法律责任C】

国际法律责任是指国际法主体对其国际不当行为或损害行为所应承担的法律后果。

考点一、行为归于国家（了解即可）

1. 国家机关的行为。

该国家机关包括中央地方、国内驻外，国家驻外使领馆是国家机关，私人主体与驻外使领馆的纠纷就是与派遣国的纠纷，适用国家豁免制度。

2. 经授权行使政府权力的其他实体的行为。

3. 某些特定人员，如国家元首、政府首脑、外交部长及外交使节，由于其在对外交往中的特殊地位，对于他们在国外以私人身份从事的不法行为，国家一般也承担相关的责任。

4. 不是特定人员，但是实际上代表国家行事的人的行为。此时只有当其履行国家授予的职务行为才是国家行为。

5. 别国或国际组织交给一国支配的机关的行为，在行使该支配权范围内的行为，视为该支配国的国家行为。

6. 关于叛乱运动机关：

（1）在一国领土上的被承认为叛乱运动的机关自身的行为，不视为该国的国家行为。但此时要求国家事先声明其国内存在叛乱运动机关，且获得国际社会较为普遍的承认。

（2）叛乱机关的行为是有可能产生国家责任的，但不产生目前所属国家的国家责任，而产生由叛乱运动机关自己形成的新国家的责任。

7. 一个行为可以归因于几个国家时，相关国家对于各自相关的行为承担单独或共同的责任。

> **PlanB：** 行为归于国家的主要原因是——能代表国家。
> 要么位高权重，要么有授权。

考点二、违背国际义务

对国际义务的违背按照义务的性质被分为对一般国际义务的违背和对于保护国际社会根本利益至关紧要的义务的违背。对一般国际义务的违背叫作国际不法行为，对于保护国际社会根本利益至关紧要的义务的违背叫做国际罪行。

排除行为不当的情形（免责情形）：

（1）同意：事先、自愿、明确，不违反国际强行法。

（2）对抗：针对性和适度性。

包括两种：对抗措施（非武力）和自卫（使用武力）。

（3）<u>不可抗力和偶然事故</u>：非行为者本身引起。
（4）<u>危难和紧急状态</u>：别无他法，非行为者本身或协助造成，不违反国际强行法。

考点三、国际法律责任形式

国际法律责任是指国际法主体对其国际不当行为或损害行为所应承担的法律责任。在国际实践中，行为国承担的国际责任依其不当行为的程度和其他具体情况，一般有<u>终止不当行为、恢复原状、赔偿、道歉、保证不再重犯、限制主权</u>六种方式。这些方式<u>可以单独采用，也可以同时使用</u>。

以上六种方式之中，<u>限制主权</u>属于最严重的责任承担方式，对于对别国进行武装侵略、破坏国际和平与安全同时构成国际罪行的国家，可以用该种法律责任形式对其进行限制。

（一）国际刑事责任

国际刑事责任通常采用"<u>双罚原则</u>"：国家承担国家责任的同时，也追究负有责任国家的领导人的个人刑事责任。对犯有灭绝种族罪、反人类罪、战争罪和侵略罪这四种国际社会认为最严重的国际罪行的个人行使管辖权。

（二）▲国际赔偿责任

1. 外空行为致地面损害，<u>国家</u>对外承担<u>全部责任</u>。
2. 核污染，国家承担对营运人的<u>补充责任</u>。

判断分析

甲国某核电站因极强地震引发爆炸后，甲国政府依国内法批准将核电站含低浓度放射性物质的大量污水排入大海，乙国海域与甲国毗邻。

1. 甲国领土范围发生的事情属于甲国内政。【错误。内政与发生在境内境外无关，内政是指属于国内管辖且不违背国际法原则和规则的事项。甲国政府将核电站含低浓度放射性物质的大量污水排入大海会影响到相邻国家的有关权益，不再属于内政。】

2. 根据"污染者付费"原则，只能由致害方，即该核电站所属电力公司承担全部责任。【错误。核污染，国家承担对营运人的<u>补充责任</u>。】

【第二章必背句】

1 国家主权豁免本质是别管我：国家不受他国国内法院管辖。

2 诉行为（单次放弃）：国家起诉、正式出庭应诉、提起反诉或作为利害关系人介入诉讼。

3 中国支持相对豁免：商业可以直接管。

4 默示法律承认特点——建立政治关系。

5 联合国大会决议的性质——内外有别。（对内：有拘束力，对外：建议性质。）

6 安理会表决——先看有没有9票，再看形式实质：形式直接通过，实质大国没反对。

7 选举国际法官和秘书长——一松一紧。

秘书长：大会形式+安理会实质。

国际法官：大会实质+安理会形式。

8 行为归于国家的主要原因是——能代表国家。要么位高权重，要么有授权。

第三章 国际法上的空间划分

第一节 领土【领土A】

国家领土是指国家主权支配和管辖下的地球的特定部分及其附属的特定上空。领土包括领陆、领水、领空、底土四部分。

考点一、领陆

1.领陆：领陆指国家国界范围内的陆地及其底土，是国家领土组成的基本部分，领陆内部的事务属于一国国内管辖的范畴。

2.边界：边界也称国界，边界是指划分一个国家领土和另一个国家的领土、或一个国家的领土和未被占领的土地、一个国家的领土和公海以及国家领空和外层空间的界线，边界是有主权的国家行使其主权的界线。

3.边境制度：边境制度是指有关国界线区域的法律制度。主要包括边界守卫、关税、卫生、出入国境、邻国边境居民过境、在边境地区居留和从事各种经济活动以及关于边界标志的维护、边境河流和跨国铁路公路的使用、边境争端的处理等各项规章制度。

（1）允许边民往来、边贸以及边境事件处理的各种便利性安排。

（2）尊重邻国的相邻权。

（3）界标的维护。双方都应采取必要措施防止界标被移动损坏或灭失。如果一方发现界标出现以上情况，应当尽快通知另一方，在双方代表在场的情况下修复或重建。移动、损坏或毁灭界标应受到严厉惩罚。

> **PlanB:** 边境制度——双方。

判断分析

1甲乙两国边界附近爆发部落武装冲突，致两国界标被毁，甲国一些边民趁乱偷渡至乙国境内。依相关国际法规则，下列哪一选项是正确的？（单选）

A.甲国发现界标被毁后应尽速修复或重建，无需通知乙国

B.只有甲国边境管理部门才能处理偷渡到乙国的甲国公民

C.偷渡到乙国的甲国公民，仅能由乙国边境管理部门处理

D. 甲乙两国对界标的维护负有共同责任

【考点】领土

【解析】界标强调双方，若一方发现界标有毁损等状况，应当尽速通知另一方，在双方代表都在场的情况下重建或修复。选项 A 错误，选项 D 正确。

甲乙两国都有管辖权，甲国享有属人管辖权，乙国享有属地管辖权。对于偷渡等情况，相邻国家通常依据协议由双方代表成立处理边境事项的机构。选项 B、C 错误。

综上，本题正确答案为选项 D。

【得分速记】

界标强调双方，双方共同维护，不可单方行动。

考点二、领水

领水是国家陆地疆界以内的水域和与陆地疆界邻接的一带海域，即内水和领海两大部分。内水包括国家领土之内河流、湖泊等水域（称为内陆水），以及领海基线向陆地一面的水域（称为内海）。

1. **内河**。从源头到入海口或终结地完全流经一国的河流是该国的内河。外国船舶未经允许不可以在内河航行，国家对内河享有完全主权。

2. **界河**。界河是流经两国之间并作为两国领土分界线的河流，例如中朝界河鸭绿江等。

（1）界河可走不可停，一方船舶未经允许不得在对方靠岸停泊。

（2）一方如欲在界河上建造工程设施，如桥梁、堤坝等，应取得另一方的同意。

（3）界河分属沿岸国家的部分为该国的领土，处于该国的主权之下，各国在所属水域行使管辖权。

3. **多国河流**。多国河流是流经两个或两个以上国家领土的河流。

（1）多国河流流经各国的河段分别属于各国领土，各国分别对位于其领土的一段拥有主权。

（2）多国河流一般对所有沿岸国开放，而非沿岸国船舶未经许可不得航行。

4. **国际河流**。通过条约规定对所有国家开放航行的多国河流被称为国际河流。

（1）国际河流流经各国领土的河段仍然是该国主权下的领土。

（2）国际河流一般允许所有国家的船舶特别是商船无害航行。国际河流的管理一般由条约规定的专门机构进行。

> PlanB：多国河流与国际河流只是开放程度不同，主权一致都属于流经国。
>
> 多国河流——对沿岸国开放；
>
> 国际河流——对所有国家开放。

5. **国际运河**。按人们约定俗成的提法，狭义上讲，运河是人工开凿的通航河道。广义上讲，运河是用以沟通地区或水域间水运的人工水道，通常与自然水道或其他运河相连。有的运河虽然位于一国领土内，但因为其地位重要，因此在实践中也被开放为国际运河，例如巴拿马运河等。国际运河一般对所有国家开放。

考点三、领空

领空，是指一个国家领陆、领水以上的空域，是一个国家的全部空气空间。领空完全受国家主权的支配。国家对其领空拥有完全的和排他的主权，有权维护本国领空安全，制定航空法律、规章，保留"国内载运权"，设立"禁止飞行区"等。

考点四、底土

底土是指领陆和领水下面的部分，理论上一直延伸到地心。国家对于底土及其中的资源拥有完全的主权。

判断分析

1. 界标如果出现移动、毁损等，须在双方代表在场的情形下修复或重建。该说法是否正确？【正确。界标如果出现移动、毁损等，须在双方代表在场的情形下修复或重建。】

2. 一国有权在自己的领空划定空中禁飞区。该说法是否正确？【正确。国家对其领空拥有完全的和排他的主权，有权维护本国领空安全，制定航空法律、规章，保留"国内载运权"，设立"禁止飞行区"等。】

3. 甲国有权在警告后将未经许可飞越其领空的乙国民航班机击落。该说法是否正确？【错误。民航不可被击落。】

4. 国际河流和国际运河属于人类共同的财产。该说法是否正确？【错误。国际河流和国际运河流经各国的河段分别属于各国领土，不是全人类的共同财产。】

5. 界河沿岸国的游船有权在主航道上沿河航行游览。该说法是否正确？【正确。沿岸国在界河上有平等的航行权，故在主航道上沿河航行是合法的，但除遇难或者有特殊情况，一方的船舶未经允许不得在邻国停泊或者靠岸。】

考点五、领土的取得

（一）传统方式

1. 先占

先占是国家有意识地对无主地实行有效占领，从而获得领土主权的一种方式。

注意：现今世界上已经不存在可先占的"无主地"。

2. 时效（有争议，不合法）

时效是指一国占有他国某块土地后，在相当长时期内持续公开地、不受干扰地占有，即取得该地主权的方式。有争议，我国不承认。

3. 添附

添附是指因自然或人为地增加一国领土，合法。

（1）添附是在领土上增加领土的行为。

注意：在专属经济区、公海等非领土上的任何行为不构成领土添附。

（2）添附不得损害他国的相邻权。

4. 割让

割让包括强制性割让和非强制性割让两种，现代国际法否认强制性割让。非强制性割让包括赠与、买卖、交换等形式，它是指国家在自愿平等的基础之上，达成一致缔结条约从而发生的领土变更。

5. 征服

征服是指国家通过武力从而占领他国的部分或全部领土，这种领土的取得方式，现在已经被国际法废弃。

（二）新方式

1. 殖民地独立

殖民地独立是一种新型的领土变更方式，它是指殖民地人民依据民族自决原则，从之前的殖民地国家或者宗主国独立出来，建立新的国家，或者加入其他国家，从而产生领土变更。

2. 公民投票

公民投票是指领土主权争议地区的居民，通过投票的方式表达意愿，从而确立领土归属的方式。

在具体的实践操作之中，投票的程序、范围、结果等都取决于相关国内法或者有关国家间具体协议的规定。

合法
1. 先占
2. 添附
3. 非强制性割让
4. 殖民地独立
5. 公民投票

非法
"是（时）强征"
1. 时效
2. 强制性割让
3. 征服

> PlanB：违法的领土取得方式——时强征（时效、强制性割让、征服）。

⚖ 判断分析

1. 甲国围海造田，未对他国造成影响，其可以取得领土主权。【正确。围海造田是添附行为，没有损害他国的利益，故合法。】

2. 乙国囤兵邻国边境，邻国被迫与其签订条约割让部分领土，其可以取得领土主权。【错误。通过武力或武力威胁的方式迫使他国割让领土，是非法的强制割让。】

3. 丙国与其邻国经平等协商，将各自边界的部分领土相互交换，其可以取得领土主权。【正确。经过平等协商的领土互换是合法的。】

4. 丁国最近二十年派兵持续控制其邻国部分领土，并对外宣称拥有主权，其可以取得领土主权。【错误。时效是指一国占有他国某块土地后，在相当长时期内持续公开地、不受干扰地占有，即取得该地主权的方式。有争议，我国不承认。】

第二节　海洋法

海洋水域在《联合国海洋法公约》之中被划分为五个部分：内海、领海、毗连区、专属经济区和公海。需要注意的是，沿海国在这五个水域的权利是逐步递减的。

考点一、海洋水域【海洋水域A】

我国海洋水域划界图：

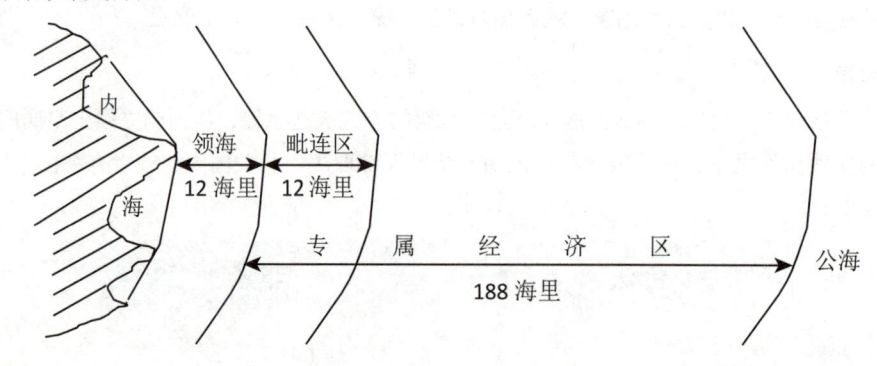

（一）内海

内海是指一国领海基线以内的海域。领海基线的划定可以有两种：（1）正常基线（自然基线），即以落潮时海水退到离海岸最远的潮位线——低潮线作为测算领海的基线。（2）直线基线（折线基线），指以连接海岸和近岸岛屿的最外缘上所选的基点的直线作为领海的起始线。

注意：我国采用的是直线基线。

内海具有以下特点：

（1）完全主权；

（2）外国船舶非经许可不得进入，没有无害通过权；

（3）渤海和琼州海峡属于内海；

（4）港口（对外籍船）刑事管辖：只有对扰乱港口安宁、受害者为沿岸国或其国民、案情重大、船旗国领事或船长提出请求时沿岸国才予以管辖。

（二）领海

领海是指沿海国主权管辖下与其海岸或内水相邻的一定宽度的海域，领海是国家领土的组成部分。中华人民共和国领海的宽度从领海基线量起为12海里。

▲国家对领海享有完全主权，但其他国家的船舶享有无害通过权。

无害通过的限制：

（1）我国不允许军用船舶无害通过；

（2）连续不停迅速通过，除非不可抗力、遇难和救助；

（3）潜水器须浮出水面并展示国旗；

（4）通过必须是无害的。

> **PlanB:** 无害通过——无害，通过
> 无害：民船。飞机太快，有害。
> 通过：走，马不停蹄的走，别停。不停留，不收费，不报批。

（三）毗连区

毗连区是指沿海国领海以外毗邻领海，由沿海国对其海关、财政、卫生和移民等类事项行使管辖权的一定宽度的海洋区域。毗连区又称"邻接区""海上特别权"，是指沿海国根据其国内法，在领海之外邻接领海的一定范围内，为了对某些事项行使必要的管制权，而设立的特殊海域。

毗连区的宽度从领海基线量起不超过 24 海里。
（1）依海关、财政、移民、卫生的法律、法规行使管制权；
（2）我国声明还可因国家安全行使管制权；
（3）我国毗连区属于我国专属经济区的一部分。

毗连区没有独立的法律地位，其地位取决于其依附的海域，或为专属经济区或为公海。

（四）专属经济区

专属经济区是指领海以外并邻接领海的一个区域，专属经济区从测算领海宽度的基线量起，不应超过 200 海里。但 200 海里扣掉沿海国的领海宽度才是专属经济区的实际范围。

可行使的权力：自然资源的专属勘探开发权以及与此相关的管辖权。（只限于自然资源）
管辖权的限制：
（1）有权拘捕违反上述专属权力的外国船只及其船员；
（2）迅速通知船旗国；
（3）有担保迅速予以释放；
（4）仅违反渔业法规的，不得对船员处以监禁或任何形式的体罚。

（五）公海

公海是指内水、领海、专属经济区、群岛水域以外的全部海洋水域。公海不属于任何国家领土的组成部分。

公海的管辖权：
（1）船旗国管辖权：一船一旗，否则视为无国籍船和可登临检查的对象。
（2）普遍管辖权：海盗、非法广播、贩卖奴隶和贩卖毒品。（4种）

秒杀 PlanB 图：

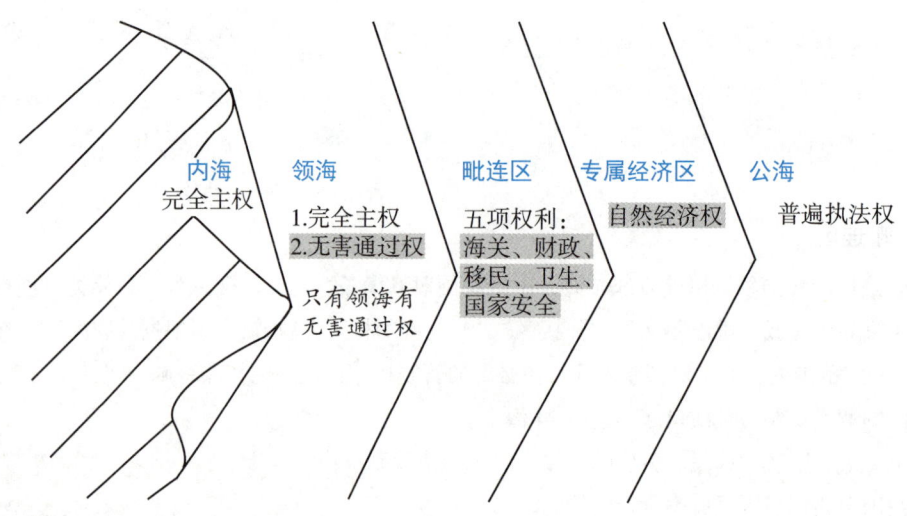

```
内海        领海         毗连区         专属经济区      公海
完全主权    1.完全主权   五项权利：     自然经济权      普遍执法权
            2.无害通过权 海关、财政、
                        移民、卫生、
            只有领海有   国家安全
            无害通过权
```

提示：
1 五大海洋水域权利从左到右越来越弱
2 内海领海属于领土，其他不属于领土

考点二、临检权和紧追权【海洋水域 A】

1 相同点：

主体：军舰、军用飞机、经授权且标志清楚的政府公务船舶飞机。（军用/政府的船舶或飞机）

2 不同点：

（1）临检权是在 公海 上直接行使管辖权。

（2）紧追权是在 其他海域 行使管辖并将管辖权延伸至公海，同时紧追权有特殊限制：

A. 紧追权须发出停止信号；

B. 不能中断；

C. 当被追船舶进入其本国或第三国 领海 时紧追权终止。

紧追权与临检权的起点：

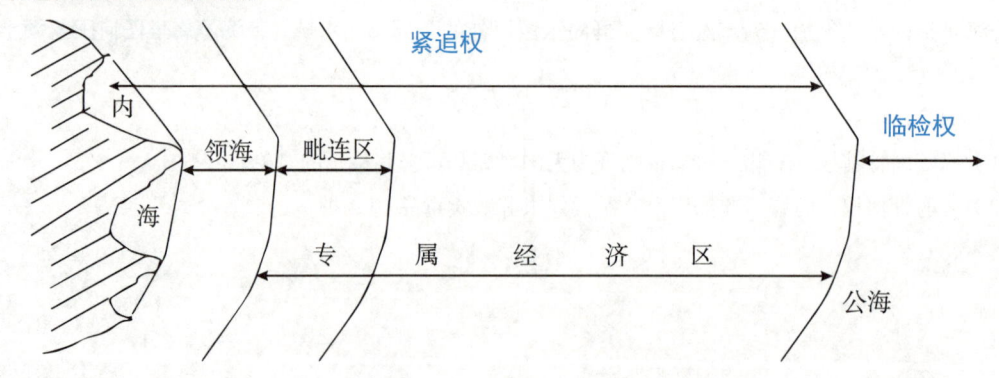

```
            紧追权
内          ───────────────────→    临检权
    领海  毗连区                    ←→
海  ←→  ←→
        专  属  经  济  区          公海
```

紧追权与临检权的终点： 第三国领海

> **PlanB:**
> 1 起点：公海开始追的是临检，公海之外开始追的全是紧追。
> 2 终点：第三国领海外缘。
> 3 紧追权、临检权都是执法权，飞机船舶都可以行使。

判断分析

1."乐安"号是一艘商船，要从 A 国运送一批水果到 B 国，"乐安"号运送该货物的航行路线要经过丙国的领海和毗连区。据此，请判断：

a."乐安"号可不经批准穿行丙国领海，并在其间停泊转运货物。该说法是否正确？【错误。领海可以通过不能停泊。】

b."乐安"号在丙国毗连区走私货物，丙国海上执法船可行使紧追权。该说法是否正确？【正确。执法船可以行使紧追权，从毗连区开始行使属于紧追权。】

c."乐安"号在丙国毗连区走私货物，丙国海上执法机关可出动飞机行使紧追权。该说法是否正确？【正确。飞机可以行使紧追权，从毗连区开始行使属于紧追权。】

d.丙国海上执法机关对"乐安"号的紧追权在其进入公海时立即终止。该说法是否正确？【错误。紧追权在进入第三国领海时终止。】

2.多罗河为甲乙两国的界河，甲乙两国没有涉及界河制度的条约，根据国际法的相关原则和规则，下列哪一选项是正确的？（单选）

A.甲国渔民在整条河流中捕鱼

B.甲国渔船遭遇狂风，为紧急避险可未经乙国同意停靠乙国河岸

C.乙国可不经过甲国同意，在多罗河乙国一侧修建景观公路

D.乙国发生旱灾，可不经甲国同意炸开自己堤坝灌溉农田

【考点】界河

【解析】界河是要分界使用的，通常本国国民会在属于自己国家的界水一侧活动。因此甲国渔民在整条河流中捕鱼错误。选项 A 错误。

一方船舶未经允许不得在对方靠岸停泊，遇难或有其他特殊情况外。甲国渔船遭遇狂风，为紧急避险可未经乙国同意停靠乙国河岸。选项 B 正确。

界河、界标的修改移动都需要双方同意，一方如欲在界水上建造工程设施，应取得另一方的同意。因此乙国不经过甲国同意错误。选项 C、D 错误。

综上，本题正确答案为选项 B。

【得分速记】

（1）界河是一种界限，本国国民原则上在属于自己国家的界水一侧活动，而不是整条界河。

（2）界河、界标的修改移动都需要双方同意，单方不可擅自变更。

3.根据《联合国海洋法公约》和中国的相关法律规定，下列哪一选项是正确的？（单选）

A.甲国军舰有权无害通过我国领海

B.乙国商业飞机可以无害通过我国领海上空

C.我国海警船从毗连区开始紧追丙国走私船，在其进入公海时紧追应终止

D.丁国有权在我国大陆架铺设海底电缆，但须经我国主管机关同意

【考点】无害通过、海洋水域

【解析】只有民用船舶才能在我国领海无害通过，军舰、飞机不行。选项 A、选项 B 错误。

紧追权是从公海之外的海域开始，当被追船舶进入其本国或第三国领海时紧追权终止，注意是领海。选项 C 错误。

大陆架不属于领土，但不意味着国家在此没有任何权利，国家对于大陆架中的自然资源具有专属开发和管辖权。丁国有权在我国大陆架铺设海底电缆，但须经我国主管机关同意。选项 D 正确。

综上，本题正确答案为选项 D。

【得分速记】

无害通过秒杀速记：民船无害，通过别停。

4.在甲国登记并悬挂巴拿马国旗的"幸运号"货轮在公海航行时遭遇海盗袭击，甲国军舰"正义号"将海盗船击沉。后"幸运号"又把巴拿马国旗换成乙国国旗，"正义号"登临检查该货轮并发现船上有大量乙国假币，根据国际法相关规则，下列表述正确的是哪项？（单选）

A 正义号有权行使临检权

B 正义号对"幸运号"号的执法权在其进入公海时立即终止

C 正义号将海盗船击沉的做法违反国际法

D 幸运号可以悬挂任何国家的国旗

【考点】临检权、紧追权

【解析】一船一旗，否则视为无国籍船和可登临检查的对象。"幸运号"私自把巴拿马国旗换成乙国国旗，甲国军舰"正义号"有权在公海行使临检权。选项 A 正确，选项 D 错误。

当被追船舶进入其本国或第三国领海时临检权终止。选项 B 错误。

《联合国海洋法公约》赋予了各国在公海上拿捕海盗的权利。"在公海上每个国家均可扣押海盗船舶或飞机，或为海盗所夺取并在海盗控制下的船舶或飞机，有权逮捕船上或机上人员并扣押船上或机上财物。扣押国的法院可判定应处的刑罚，并可决定对船舶、飞机或财产所应采取的行动，但受善意第三者的权利的限制。"国家有权在公海上打击海盗行为。选项 C 错误。

综上，本题正确答案为选项 A。

【得分速记】

当被追船舶进入其本国或第三国领海时临检权终止。

考点二、海洋底土【底土、群岛水域、国际海峡E】

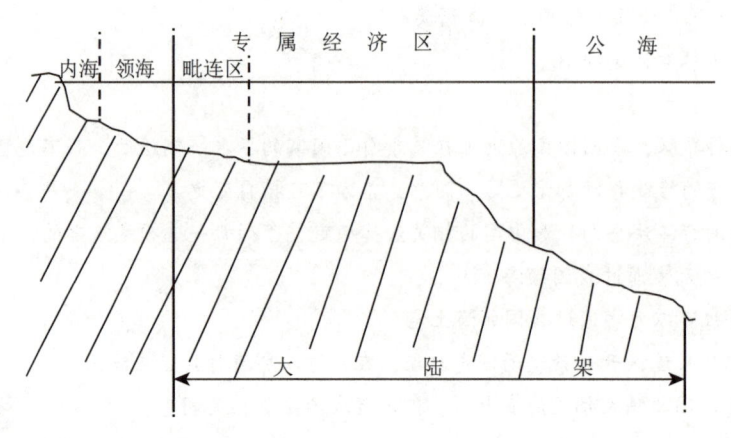

（一）大陆架（了解即可）

大陆架是大陆向海洋的自然延伸，大陆架的界限包括下列三种情况：

（1）从领海基线量起到大陆边外缘的距离不到 200 海里，可扩展到 200 海里。

（2）从领海基线量起到大陆边的外缘的距离为 200～350 海里之间，为其实际宽度。

（3）从领海基线量起到大陆边外缘的距离超过 350 海里，大陆架在海床上外部界限的各定点，不应超过从基线量起 350 海里，或不应超过 2500 公尺等深线 100 海里。

①底土的自然资源的专属开发和管辖权。

注意：专属经济区是水里的自然资源，大陆架是土里的自然资源。

②大陆架权利的产生以提交科学信息和证据资料为依据，不以占领或公告为依据。

③沿海国开发 200 海里以外大陆架的非生物资源，应通过国际海底管理局并缴纳一定的费用或实物，发展中国家在某些条件下可以免缴。

（二）国际海底区域

国际海底区域，是指国家管辖范围以外的海床、洋底及其底土。

▲平行开发制：在一区域被勘探后，开发申请者要向国际海底管理局提供两块具有同等价值的矿址，管理局选择其中一块作为"保留区"，留给管理局通过企业或以发展中国家协作的方式进行活动；另一块是"合同区"，可由缔约国或其企业通过与管理局签订合同进行开发。

考点三、群岛水域【底土、群岛水域、国际海峡 E】

群岛水域指群岛基线以内，河口、海湾和港口封闭线以外的水域。群岛水域与群岛内水、群岛领海一起构成群岛国的领水，因此群岛国对群岛水域拥有完全主权（领水），其主权及于群岛水域，以及水域的上空、海床和底土。所有国家的船舶在群岛水域享有无害通过权，即船舶可以不经许可连续不停地穿越群岛水域。群岛国可以指定适当的海道和其上的空中通道，以便外国船舶或飞机连续不停地迅速通过或飞越其群岛水域及其邻接的领海（权利）。

考点四、国际海峡【底土、群岛水域、国际海峡 E】

国际海峡又称用于国际航行的海峡，指两端连接公海或专属经济区的，用于国际航行的海峡。

注意：国际海峡不一定连接两个国家。

▲国际海峡的通行制度：

无害通过制度	如果国际海峡是由一国大陆和该国沿岸的一个岛屿形成,而且该岛屿向海一面有在航行和水文特征方面同样方便的一条穿过公海或穿过专属经济区的航道,则该国际海峡适用无害通过制度。无害通过权比过境通行权要小,只允许船舶连续不停地迅速航行和穿越,飞机飞越须经许可
★过境通行制度	所有外国船舶和飞机享有在国际海峡以迅速过境为目的、连续不停(不可抗力或遇难除外)地航行和飞越的权利。这是国际海峡最主要的一种通行制度
自由通行制度	若国际海峡中有公海或专属经济区的航道,仅在该航道内航行或飞越,适用公海自由通过的制度(权利最大,想怎么走怎么走,不受"连续不停"的限制)
特别协定制度	签订有专门的公约规定通行制度

判断分析

1. 两端连接公海或专属经济区的海峡称为用于国际航行的海峡。该说法是否正确?【正确。国际海峡指两端连接公海或专属经济区的,用于国际航行的海峡。】

2. 所有国际海峡都适用过境通行制度。该说法是否正确?【错误。也可以适用特别协定等制度。】

3. 国际海峡的沿岸国可以指定海道和规定分道通航制,但事先须征得国际海事组织同意。该说法是否正确?【正确。海峡沿岸国在必要时可以指定海道和规定分道通航制,但事先须征得国际海事组织同意。】

4. 甲国是群岛国,乙国是甲的隔海邻国,两国均为《联合国海洋法公约》的缔约国。根据相关国际法规则,下列哪一选项是正确的?(单选)
A. 他国船舶通过甲国的群岛水域均须经过甲国的许可
B. 甲国为连接其相距较远的两岛屿,其群岛基线可隔断乙国的专属经济区
C. 甲国因已划定了群岛水域,则不能再划定专属经济区
D. 甲国对其群岛水域包括上空和底土拥有主权

【考点】群岛水域

【解析】群岛水域的航行有两种:无害通过和群岛海道通过。无害通过无需取得群岛国同意;群岛海道通过是群岛国指定一个适当的海道和其上的空中通道,不需要得到群岛国的同意。选项A错误。

群岛基线不能明显偏离群岛轮廓,不能将其他国家的领海与公海或专属经济区隔断。选项B错误。

群岛水域的划定不妨碍其他区域的设置,群岛国可以按照公约划定内水、领海、毗连区、专属经济区和大陆架。选项C错误。

群岛国对其群岛水域拥有主权,包括上空和底土。选项D正确。

综上,本题正确答案为选项D。

【得分速记】
(1) 群岛水域的航行不需要得到群岛国的同意。
(2) 群岛基线不能将其他国家的领海与公海或专属经济区隔断。
(3) 群岛国对其群岛水域的主权包括上空和底土。

考点五、南极和外层空间法律制度【特殊空间E】

（一）南极

南极的法律制度主要包括：

1. 共同原则：人类共同利益、和平目的、自由科考。
2. 冻结对南极的领土要求。

（二）外层空间

1. 登记制度

发射国应对其发射的空间物体进行登记，包括将该空间物体载入其所保存的适当内容的国内登记册，同时在切实可行的范围内尽快将有关情报报告联合国秘书长，以便在其保存的总登记册里进行登记。外空物体的登记国对该外空物体拥有所有权和管辖控制权。

2. 责任制度

（1）责任主体：发射国（实际完成发射行为的国家；促使发射空间物体的国家；从其领土或设施发射空间物体的国家）。

（2）责任基础：

①绝对责任：致损对象为地面或飞行中的飞机。

②过错责任：致损对象为其他外空物体。

③除外责任：发射国空间物体对于下面两种人员造成的损害不适用《责任公约》：

该国的国民；

在空间物体从发射至降落的任何阶段内参加操作的或者应发射国邀请而留在紧接预定发射或回收区的外国公民。

> **PlanB:**
> 绝对担责——不平等：外对内。
> 过错责任——平等：外对外。

判断分析

1. 甲国曾于 20 世纪 50 年代对南极提出过领土主张，甲国加入《南极条约》意味着其放弃对南极的领土要求。该说法是否正确？【错误。意味着冻结而不是放弃。】

2. 为了技术保密，发射国发射或回收空间物体可不向联合国办理登记。该说法是否正确？【错误。发射国应对其发射的空间物体进行登记，包括将该空间物体载入其所保存的适当内容的国内登记册，同时在切实可行的范围内尽快将有关情报报告联合国秘书长。】

3. 甲国发射人造卫星失败，造成甲国国民的损害不适用《责任公约》制度。该说法是否正确？【正确。发射国空间物体对于该国的国民造成的损害不适用《责任公约》。】

4. 甲国某非政府实体发射外空物体致乙国地面人员和财产损害，甲国应对乙国承担绝对赔偿责任。该说法是否正确？【正确。致损对象为地面或飞行中的飞机，发射国应当承担**绝对责任**。】

5. 甲国研发的气象卫星委托乙国代为发射，因天气的原因该卫星在丙国境内实际发射。发射过程中火箭碎片掉落，砸伤受邀现场观看发射的某丁国国民。由于轨道偏离，该气象卫星与丁国通信卫星相撞，丁国卫星碎片跌落砸坏戊国建筑并造成戊国人员伤亡。甲乙丙丁戊都是加入《空间物体造成损害的国际责任公约》的缔约国，下列哪些判断是正确的？（多选）

A. 丁国不对戊国财产和人员伤亡承担责任

B. 火箭碎片对某丁国国民造成的损害不适用《责任公约》

C. 甲乙丙丁国应对戊国的财产和人员伤亡承担绝对责任

D. 甲乙丙国应对丁国卫星损害承担过错责任

【考点】外层空间责任

【解析】外层空间责任主体的发射国，包括三大类：实际完成发射行为的国家；促使发射空间物体的国家；从其领土或设施发射空间物体的国家。甲国研发的气象卫星委托乙国代为发射，因天气的原因该卫星在丙国境内实际发射。甲乙丙国都属于发射国。

发射国空间物体对于下面两种人员造成的损害不适用《责任公约》：

该国的国民；在空间物体从发射至降落的任何阶段内参加操作的或者应发射国的邀请而留在紧接预定发射或回收区的外国公民。

甲乙丙国的卫星与丁国通信卫星相撞，丁国卫星碎片跌落砸坏戊国建筑并造成戊国人员伤亡。不属于上述两种情况，因此可以使用责任公约，而且因为致损对象为地面物体，所以责任国应当承担绝对责任，如果时外空物体，则承担过错责任。选项A错误，选项C、D正确。

因为丁国国民为受邀现场观看发射的国民，根据上述原则可知属于不适用《责任公约》的情形，选项B正确。

综上，本题正确答案为选项BCD。

【得分速记】

1 外层空间责任主体的发射国，包括三大类：实际完成发射行为的国家；促使发射空间物体的国家；从其领土或设施发射空间物体的国家。

2 发射国空间物体对于下面两种人员造成的损害不适用《责任公约》：

该国的国民；在空间物体从发射至降落的任何阶段内参加操作的或者应发射国的邀请而留在紧接预定发射或回收区的外国公民。

考点六、国际环保法【国际环保法E】

（一）大气环保法

1. 法律依据：《联合国气候变化框架公约》《京都议定书》《巴黎协定》。

第三章 国际法上的空间划分

2. 基本原则：共同但有区别责任原则。

所有国家都承担温室气体排放的削减义务（减排义务），但只有工业化国家承担温室气体排放的具体削减义务（减排目标的限制）。

3. 国家分类：

（1）工业化国家：承担具体减排目标的限制。

（2）发达国家：无具体减排目标限制，但承担为发展中国家进行资金、技术援助的义务。

（3）发展中国家：无具体减排目标的限制，同时可以接受发达国家的资金、技术援助等。

工业化国家	发达国家	发展中国家
承担具体减排目标的限制	无具体减排目标限制	无具体减排目标限制

4. ▲减排折算方式：

（1）净排放量计算方式 —— 从本国实际排放量中扣除森林所吸收的二氧化碳数量。

（2）排放权交易方式 —— 向发达国家购买额度折抵。

（3）绿色交易方式 —— 向发展中国家输出绿色技术折抵。

（4）集团方式 —— 欧盟适用。

> **PlanB:**
> 净排放量计算方式——减个二氧化碳。
> 排放权交易方式——交易得花钱，向发达国家买。
> 绿色交易方式——绿色没钱，给发展中国家技术。

判断分析

1. 发展中国家无须承担温室气体减排的义务。该说法是否正确？【错误。发展中国家承担温室气体减排的义务，只是没有具体减排义务。】

2. 有减排目标限制的国家有权从本国实际排放量中扣除森林所吸收的二氧化碳数量。该说法是否正确？【正确。这属于净排放量计算方式。】

3. 欧盟只能适用集团方式折抵排放量。该说法是否正确？【错误。排放量计算方式各国可以自主选择适用。】

4. 发达国家可以通过向另一发达国家输出绿色技术折抵排放量。该说法是否正确？【错误。绿色交易方式是向发展中国家输出绿色技术折抵。】

（二）控制危险废物的越境转移

控制危险废物越境转移的主要法律依据是《控制危险废物的越境转移及其处置巴塞尔公约》（公约不适用于其他国际制度管制放射性废物）。该公约对于列举在其附件中的危险废物的越境转移，规定了严格的条件和程序，主要包括：

1. 危险废物的越境转移只能在缔约国之间相互进行。
2. 进口国对特定进口的书面同意。

原则上缔约国是禁止向另一缔约国出口危险废弃物的，除非以书面形式对该出口国进行表示，同时该进口国没有对于该废弃物的一般禁止。

3. 拥有无害环境的处置方法。出口国应当详细说明对于废物的无害处置方法，才可以开始越境转移。
4. 危险废物的任何越境转移都必须有相关的保险、保证或担保。

判断分析

1. 危险废物的越境转移只能在《巴塞尔公约》缔约国之间进行。该说法是否正确？【正确。危险废物的越境转移只能在缔约国之间相互进行。】

2. 出口国应当证实通知人已得到进口国的书面同意，并且进口国已证实出口者和处置者之间已订立合同，详细说明对危险废物的无害环境的处置方法，才能开始越境转移。该说法是否正确？【错误。只能在缔约国之间进行，且需要提供保险、保证或担保。】

（三）《濒危野生动植物种国际贸易公约》

《濒危野生动植物种国际贸易公约》建立了濒危物种清单基础上的许可证制度。其中，附件一所列是受贸易影响濒于灭绝的物种；附件二是如不管理可能成为濒于灭绝的物种；附件三是一般保护的物种。附件一物种的进口应取得进口许可证、出口许可证；附件二所列物种出口必须事先取得出口许可证；附件三所列物种跨境贸易由各缔约国自行管理。

PlanB 速记：

《濒危野生动植物种国际贸易公约》的三个附件：

附件一：濒于灭绝的物种——跨境之前取得进口许可证、出口许可证；
附件二：如不管理可能成为濒于灭绝的物种——跨境之前取得出口许可证；
附件三：一般保护的物种——跨境贸易由各缔约国自行管理。

判断分析

甲国的大牛公司拟向乙国的强度公司转让 A 种动物活体和标本、B 种植物活体和标本以及 C 种动物活体，甲乙两国均为《濒危野生动植物种国际贸易公约》（简称《公约》）的缔约国。经查，A 种动物被列入《公约》附件一，B 种植物被列入《公约》附件二，C 种动物被列入《公约》附件三。

1. 只需办理甲国出口许可证，A 种动物活体即可跨境转让。【错误。附件一物种的进口应取得进口许可证、出口许可证。】

2. 需要同时办理甲国的出口许可证和乙国的进口许可证，B 种植物活体方能跨境转让。【错误。附件二所列物种出口必须事先取得出口许可证。】

3. 甲乙两国可自行管理 C 种动物活体的跨境转让。【正确。附件三所列物种跨境贸易由各缔约国自行管理。】

【第三章必背句】

1 边境制度——双方。

2 违法的领土取得方式——时强征（时效、强制性割让、征服）。

3 五大海洋水域权利从左到右越来愈弱。

4 公海之外开始追的，全是紧追。紧追权与临检权的终点：第三国领海。

5 外空责任：

①绝对责任：致损对象为地面或飞行中的飞机。

②过错责任：致损对象为其他外空物体。

6 大气环保：

净排放量计算方式——减个二氧化碳。

排放权交易方式——交易得花钱，向发达国家买。

绿色交易方式——绿色没钱，给发展中国家技术。

7《濒危野生动植物种国际贸易公约》

附件一——进出口证双全。

附件二——出口许可证。

附件三——自行管理。

第四章 国际法上的个人

第一节 国籍制度【国籍A】

考点一、国籍的取得

（一）因出生取得国籍

血统主义原则	根据父母的国籍来确定一个人出生时的国籍。现在一般采用双系血统主义
出生地主义原则	一个人的国籍与其父母国籍无关，而是由其出生地决定
混合原则	混合适用血统主义和出生地主义来确定国籍

我国规定：（重要）

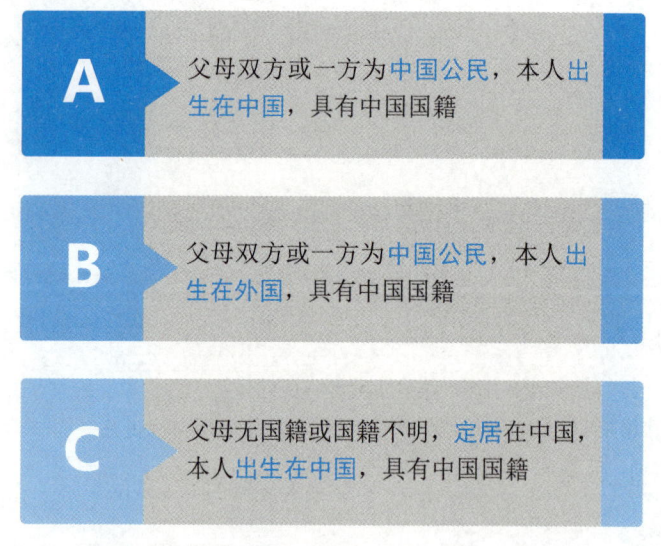

A 父母双方或一方为中国公民，本人出生在中国，具有中国国籍

B 父母双方或一方为中国公民，本人出生在外国，具有中国国籍

C 父母无国籍或国籍不明，定居在中国，本人出生在中国，具有中国国籍

注意：父母双方或一方为中国公民并定居在外国，本人出生时即具有外国国籍的，不具有中国国籍。

> **PlanB:** 只要体内有一滴中国血就是中国人，其他一律要定居

必会题目：

（判断）中国公民钱某和美国公民琳达在美国生下女儿玛丽，如果玛丽出生时已经取得美国国籍，那么玛丽不具有中国国籍。

结论：中国不认可该美国国籍的有效性。按照中国法律，只有同时满足"中国公民定居外

国"+"生的孩子取得外国国籍"，此时我国才认为该外国国籍有效。本题因为钱某并没有定居外国，缺少定居要件，所以外国国籍无效，玛丽依然是中国国籍。

> **PlanB：**"取定"不具有中国国籍。

（二）因加入取得国籍

1. 申请入籍

（1）受理申请的机关：在我国，受理国籍申请的机关，在国内为当地市、县公安局，在国外为中国外交代表机关和领事机关。

（2）无论申请是向国内还是国外，加入中国国籍的申请，都是由公安部审批的，经批准的，由公安部发给证书。

2. 由于法定事实取得国籍

这是指由于某种事实的发生，根据所涉国家的法律而获得该国国籍。例如收养等。

考点二、国籍的丧失

国籍丧失可分为自愿丧失和非自愿丧失两种。我国采用自愿（申请）丧失为主，非自愿（自动）丧失为辅的原则。

1. 申请丧失

中国公民具有下列条件之一的，可以申请退出中国国籍：（1）外国人的近亲属；（2）定居在外国的；（3）有其他正当理由。申请退出中国国籍获得批准的，即丧失中国国籍。

国家工作人员和现役军人，不得以任何方式退出中国国籍。

2. 自动丧失

★定居外国的中国公民，自愿加入或取得外国国籍的，即自动丧失中国国籍。

⚖ 判断分析

1. 父母双方或一方是中国公民，本人出生时即具有外国国籍的，不具有中国国籍。该说法是否正确？【错误。还需要父母双方或一方定居在外国。】

2. 父母无国籍或国籍不明，本人出生在中国，具有中国国籍。该说法是否正确？【错误。还需要父母双方或一方定居在中国。】

3. 中国公民自愿加入或取得外国国籍的，即自动丧失中国国籍。该说法是否正确？【错误。必须是定居外国的中国公民。】

4. 中华人民共和国不承认中国公民具有双重国籍。该说法是否正确？【正确。中华人民共和国不承认中国公民具有双重国籍。】

5. 中国公民具有双重国籍的，以其经常居所地确定国籍。该说法是否正确？【错误。中华人民共和国不承认中国公民具有双重国籍。】

6. 中国公民王某与甲国公民彼得于2013年结婚后定居甲国并在该国产下一子，取名彼得森。关于彼得森的国籍，下列哪些选项是正确的？（多选）

A. 具有中国国籍，除非其出生时即具有甲国国籍

B. 可以同时拥有中国国籍与甲国国籍

C. 出生时是否具有甲国国籍，应由甲国法确定

D. 如出生时即具有甲国国籍，其将终生无法获得中国国籍

【考点】国籍的取得

【解析】中国人的子女无论出生在国内还是国外，原则上都有权因出生取得中国国籍。除非其具有中国国籍的父或母已经定居外国，且其出生时已经取得外国国籍，才不能因出生而取得中国国籍。彼得森的父母已经在甲国定居，若彼得森出生时取得甲国国籍，则不能再获得中国国籍。选项 A 正确，选项 B 错误。

能不能取得该国国籍是由该国法律自主规定的，彼得森出生时能否获得甲国国籍应由甲国法确定。选项 C 正确。

获得国籍的途径除了先天出生获得，还有后天加入等方式，故"终生无法获得"的说法太绝对。选项 D 错误。

综上，本题正确答案为选项 AC。

【得分速记】

只要体内有一滴血，就是中国人。

除非特别过分：定居 + 获得国籍。

能不能取得该国国籍由该国法律自主规定。

考点三、国籍的冲突

国籍积极冲突	双重或多重国籍
	对中国人：不承认其外国国籍
	对外国人：适用有经常居所的国籍国法律；在所有国籍国均无经常居所的，适用与其有最密切联系的国籍国法律
国籍消极冲突	无国籍状态
	自然人无国籍或者国籍不明的，适用其经常居所地法律

PlanB: 国籍的冲突

对外国人：原则用经常居所地法。

对中国人：不承认其外国国籍。

判断分析

中国人王某定居美国多年，后自愿加入美国国籍，但没有办理退出中国国籍的手续。

a. 王某无需办理退出中国国籍的手续。【正确。定居外国的中国公民，自愿加入或取得外国国籍的，即自动丧失中国国籍。】

b. 王某已自动退出了中国国籍。【正确。王某符合定居和取得外国国籍两个条件，自动丧失中国国籍。】

第二节 外国人的法律地位

考点一、出入境管理机构的职能划分（了解即可）【出入境管理 A】

职能	出入境管理机构
境外签证	驻外签证机关，如使领馆等驻外机构
出入境检查	边检机关
境内停居留	县级以上公安机关

考点二、出境制度【出入境管理 A】

1. 限制出境

一
罪犯、刑事案件被告人、犯罪嫌疑人

二
有未了结的民事案件，人民法院决定不准出境的

三
拖欠劳动者的劳动报酬，经国务院有关部门或省级人民政府决定不准出境的

> PlanB：刑事犯嫌不让走，民事需要经批准。

2. 强制出境

（1）遣送出境：负责机关为县级以上公安机关或者边检机关，1 至 5 年内不准入境。
（2）驱逐出境：负责机关为公安部，10 年内不准入境。

考点三、针对外国人"三非"的规定【出入境管理 A】

1. 非法入境：单位或个人应对其出具的邀请函件真实性负责。
2. 非法居留：
（1）住旅馆，旅馆登记。
（2）住其他地方，24 小时内，本人或者留宿人登记。
3. 非法工作：
（1）有工作许可和工作类居留证件。
（2）持学习类居留证件在校外勤工助学或者实习：经所在学校同意；居留证件加注相关信息。

判断分析

1. 无论中国人还是外国人，只要涉及民事诉讼或刑事诉讼，都应被限制出境。该说法是否正确？

【错误。有未了结的民事案件，人民法院决定不准出境的才不许出境。】

2.持学习类居留证件的外国人在校内勤工助学的，必须向公安机关出入境管理机构申请居留证件加注勤工助学或者实习地点、期限等信息。该说法是否正确？【错误。只有校外打工才需向公安机关出入境管理机构申请居留证件加注勤工助学或者实习地点、期限等信息。】

3.甲国公民杰克申请来中国旅游，关于其在中国出入境和居留期间的管理，下列哪些选项是正确的？（多选）
A.如杰克患有严重精神障碍，中国签证机关不予签发其签证
B.如杰克入境后可能危害中国国家安全和利益，中国出入境边防检查机关可不准许其入境
C.杰克入境后，在旅馆以外的其他住所居住或者住宿的，应当在入住后48小时内由本人或者留宿人，向居住地的公安机关办理登记
D.如杰克在中国境内有未了结的民事案件，法院决定不准出境的，中国出入境边防检查机关有权阻止其出境

【考点】外国人出入境管理制度
【解析】有病的、有害的、没钱的，不准入境。根据我国《出境入境管理法》的规定，患有严重精神障碍的，中国签证机关不予签发签证。如杰克患有严重精神障碍，中国签证机关有权不予签发签证。选项A正确。

有病的、有害的、没钱的，不准入境。若杰克入境后可能危害中国国家安全和利益，中国出入境边防检查机关可不准许其入境，并且可以不说明理由。注意和A选项的区别，签证机关是负责发签证的，出入境边检是负责出入境的。选项B正确。

紧急事项24小时，外国人在旅馆以外的其他住所居住或者住宿的，应当在入住后24小时内由本人或者留宿人向居住地的公安机关办理登记。因此，杰克需在24小时内向居住地的公安机关办理登记。选项C错误。

关于出境，刑事一律不准走，民事需要经批准。我国《出境入境管理法》的规定，外国人有未了结的民事案件，且人民法院决定不准出境的，则不准出境。杰克在中国境内有未了结的民事案件，法院已决定不准其出境，故出入境边防检查机关有权阻止其出境。选项D正确。

综上，本题正确答案为选项ABD。

【得分速记】
1.关于入境：有病的、有害的、没钱的，不准入境。
2.关于出境：刑事犯嫌不准走，民事需要经批准。

考点四、外交保护的对象【外交保护、引渡和庇护 A】

外交保护的条件主要有以下四个：
1.外交保护的对象是境外的本国人。
2.一国国民权利因所在国国家不当行为受到侵害。
侵害行为必须直接或间接归因于所在国，母国方能行使外交保护权。
3.国籍继续原则：外交保护结束前，受害者要持续拥有保护国国籍。
4.用尽当地救济原则：外交保护之前，受害者已经用尽当地所有司法和行政救济。

PlanB：外交保护——保护前，外国伤害自己人，结束前，国籍不许叛变。

判断分析

1. 华侨的权利若受到侵害，中国就应当行使外交保护权。该说法是否正确？【错误。外交保护必须同时满足四个条件。】

2. 母国外交保护结束前，受害者要持续拥有保护国国籍。该说法是否正确？【正确。此为国籍继续原则的要求。】

3. 母国外交保护的同时，受害者要用尽当地所有司法和行政救济。该说法是否正确？【错误。外交保护之前，受害者已经用尽当地所有司法和行政救济。】

考点五、引渡制度（重要）【外交保护、引渡和庇护 A】

引渡是指一国将在该国境内而被他国指控为犯罪或已经被判刑的人，根据有关国家的请求移交给请求国审判或执行处罚的一种国际司法协助行为。

引渡的主体是国家，国家一般没有引渡义务，因此引渡需要根据有关的引渡条约进行。

（一）应当拒绝引渡的情形

1. 国际法一般规则：不构成双重犯罪的、政治犯、本国国民不引渡。

（1）关于双重犯罪原则：

《联合国反腐败公约》及《联合国打击跨国有组织犯罪公约》规定，如果缔约国本国法律允许，可以就公约包含但是依照本国法律不予处罚的任何犯罪人准予引渡，即放宽双重犯罪的条件。

（2）关于政治犯不引渡：

政治犯不引渡原则的关键是政治犯的认定。在实践中，是否属于政治犯一般由被请求引渡国决定。以下不是政治犯：战争罪、种族灭绝或种族隔离等危害人类罪、非法劫持航空器和危害民用航空安全罪以及侵害包括外交代表在内的受国际保护人员罪等国际罪行。政治犯不引渡，所以这些罪可以引渡，也可以拒绝引渡，但拒绝时不能使用政治犯的理由。前述这些犯罪不能得到庇护。

（3）关于本国国民是否引渡的问题：

除非有关引渡条约或者国内法有特殊规定，一般各国有权拒绝引渡本国公民。同时，若被请求引渡者为本国人，缔约国应采取"或引渡或起诉"以及"或引渡或执行"的原则。

2. 请求国只能就其请求引渡的特定犯罪行为对该被引渡人进行审判或处罚，这也叫做"罪名特定原则"。如果以其他罪名进行审判或者将被引渡人转引给第三国，则一般应经原引出国的同意。

3. 我国所特有的情形：

（1）我国应当拒绝引渡的情形还包括：军事犯；已终止刑诉程序；已过追诉时效或已被赦免；遭受不公正司法程序；遭受非人道待遇；缺席判决。

（2）我国可以拒绝引渡的情形：中国具有刑事管辖权且正进行或准备提起刑事诉讼；因年龄、健康情况不宜引渡。

> **PlanB：**
> 应当拒绝——迫害非人道，军事缺席没必要
> 可以拒绝——自身不行未了结

（二）我国引渡的程序

引渡的程序一般根据引渡条约及有关国家的国内法规定进行。我国引渡的对外联系机关是外交部，决策机关分引出和引入两种情形讨论，对于引出，由最高法指定的高院裁定，最高法核准；对于引入，量刑由最高人民法院作出，限制追诉决定由最高人民检察院作出。

- 引渡对外联系机关：外交部
- 引出：最高法指定的高院裁定，最高法核准
- 引入：量刑由最高人民法院作出，限制追诉决定由最高人民检察院作出

判断分析

1. 外国向我国请求引渡，若被请求引渡人具有中国国籍的，应当拒绝引渡。该说法是否正确？【正确。国际基本规则：本国国民不引渡。】

2. 中国对被请求引渡人正在进行刑事诉讼的，应当拒绝引渡。该说法是否正确？【错误。是可以拒绝不是应当拒绝。】

3. 最高人民法院对请求国提出的引渡请求是否符合我国引渡法规定的引渡条件等进行审查并作出裁定。该说法是否正确？【错误。对于引出，由最高法指定的高院裁定。】

4. 中国应按照收到引渡请求的先后确定引渡的优先顺序。该说法是否正确？【错误。看有无引渡条约。】

5. 甲国公民彼得，在中国境内杀害一中国公民和一乙国在华留学生，被中国警方控制。乙国以彼得杀害本国公民为由，向中国申请引渡，中国和乙国间无引渡条约。在收到引渡请求时，中国司法机关正在对引渡所指的犯罪进行刑事诉讼，故应当拒绝引渡。【错误。我国可以拒绝引渡的情形：中国具有刑事管辖权且正进行或准备提起刑事诉讼；因年龄、健康情况不宜引渡。】

考点六、庇护制度【外交保护、引渡和庇护 A】

庇护是指国家对于因政治原因被外国追诉或受迫害而前来要求避难的外国人，准其入境和居留，给予法律保护，并拒绝将其引渡给另一国的行为。

构成庇护须同时满足两个条件：
（1）拒绝将其引渡。
（2）准予该外国人入境并居留。

但以下罪行，任何国家均无权庇护，该类罪行包括：战争罪、危害人类罪、劫机罪、侵害外交代表罪等。

PlanB: 庇护 = 给地方居留 + 拒绝引渡

第四章　国际法上的个人

📌 判断分析

1. 拒绝引渡就是庇护。该说法是否正确？【错误。还需要准予该外国人入境并居留。】

2. 国家没有庇护战争罪犯的权利，战争罪犯必须引渡。该说法是否正确？【错误。战争罪犯"或引渡或起诉"。】

3. 外交庇护是不符合国际法的。该说法是否正确？【正确。外交庇护是不符合国际法的。】

4. 1948年10月3日，秘鲁发生了一起未遂政变，但该政变当天就被镇压下去了。秘鲁共和国总统下令取缔政变组织美洲人民革命联盟，并发出逮捕令逮捕该联盟的领导人托雷以便审判。托雷在事发3个月后，于1949年1月3日到哥伦比亚共和国驻秘鲁利马的大使馆请求避难。关于本案，请问下列哪项说法是正确的？（多选）

A. 哥伦比亚大使馆给予托雷的庇护符合领土庇护的有关条件
B. 哥伦比亚大使馆无权给予托雷庇护
C. 哥伦比亚大使馆有义务给予托雷庇护
D. 若托雷被认定为战争犯，则哥伦比亚无权对其进行庇护

【考点】国际法上的个人、引渡和庇护

【解析】外交庇护属于域外庇护，域外庇护是不合法的，一国驻另一国的使领馆无权在他国土地上行使域外庇护。选项A错误，选项B正确。

庇护是一国属地管辖权的体现，是主权国家的权利而不是义务。所以哥伦比亚大使馆没有义务给予托雷庇护。选项C错误。

不得庇护的罪行包括战争犯，种族灭绝、隔离犯，侵害外交代表，劫机。若托雷被认定为战争犯，则哥伦比亚无权对其进行庇护。选项D正确。

综上，本题正确答案为选项BD。

【得分速记】

不得庇护的罪行包括战争犯，种族灭绝、隔离犯，侵害外交代表，劫机。

【第四章必背句】

1 只要体内有一滴中国血就是中国人，其他一律要定居。

2 国家工作人员和现役军人，不得以任何方式退出中国国籍。

3 多重国籍：中国人只能是中国国籍；老外看经常居所地。

4 出境制度：刑事犯嫌不准走，民事需要经批准。

5 引渡的国际规则：不构成双重犯罪的、政治犯、本国国民不引渡。

6 我国引渡的特殊规定：

应当拒绝——迫害非人道，军事缺席没必要。

可以拒绝——自身不行未了结。

7 庇护＝给地方居留＋拒绝引渡。

第五章 外交关系法与领事关系法

考点一、外交关系法【外交关系 A】

（一）外交关系与领事关系的区别

外交关系中，其交涉对象通常为接受国中央机构，主管全局，工作地域范围为接受国全境，特权豁免范围较宽泛。

领事关系中，其交涉对象通常为接受国相关地方机构，职务范围为商务、文化和侨民。工作地域范围为辖区，特权豁免范围较窄。

（二）外交机关

外交机关是国家用于管理或开展外交工作的机关，一般分为国家中央外交机关和派出外交代表机关。

1. 外交机关图示

中央外交机关	国家元首、政府和外交部门
外交代表机关	常驻：使馆 大使馆（向国家元首派出） 公使馆（向国家元首派出） 代办处（向外交部长派出）
	临时：特别使团 特别使团在性质上属于外交人员，但其特权与豁免约等同于领馆和领事官员

（1）国家中央外交机关：

一般在国际法上，一国的中央外交机关包括国家元首、政府、外交部门，这些机关是国家进行外交决策和活动的基本机关。

（2）外交代表机关：

外交代表机关包括两类：常驻外交代表机关、临时性外交代表机关。

注意：设立或派遣外交代表机关必须经过有关双方的同意。

（1）与被承认对象建立外交关系构成法律意义的承认方式之一，大使馆、公使馆和代办处的设立都属于外交关系的建立，构成法律上的承认。

（2）使馆馆长代表派遣国与接受国缔结条约无须出具全权证书。

2. 使馆人员图示

外交人员	馆长、参赞、武官、外交秘书和随员等
	PlanB： 外交人员——馆长秘书，文武随员
	接受国可宣布其为不受欢迎的人
行政人员	会计、翻译等
服务人员	司机、厨师等
对于行政、服务人员，接受国可宣布其为"不被接受的人"	

（三）外交特权与豁免

适用外交特权与豁免的人员包括三种：

（1）持外交签证或外交护照入境的人；

（2）与外交人员共同生活的配偶及未成年子女；

（3）外交代表如果是中国公民或者获得在中国永久居留资格的外国人，仅就其执行公务的行为，享有管辖豁免和不受侵犯权。

其适用时间自上述人员入境就任时开始至离境或给予离境的合理时间结束时终止，外交人员任期内死亡，家属的特权至离境或给予离境的合理时间结束时终止。

特权与豁免的内容包括人身、寓所、文书信件、财产不可侵犯；有例外的管辖豁免；免除某些税和查验。

（四）外交人员、特别使团、领事官员的派遣和任职

1. 必须经接受国同意才能派遣的人员：使领馆馆长、武官、特别使团、不具有派遣国国籍的人员。（接受国可随时撤销此项同意）

2. 职务开始：

（1）使馆馆长：递交国书；

（2）领馆馆长：派遣国发委任证，接受国外交部向其颁发领事证书；

（3）其他人员：到任职务自动开始。

> **PlanB：** 职务开始——级别高，交过去；级别低，等着发。

⚖ 判断分析

1. 公使向接受国国家元首递交国书时职务开始。该说法是否正确？【正确。公使属于使馆馆长，使馆馆长递交国书开始职务。】

2. 领馆馆长向接受国外交部长递交国书时职务开始。该说法是否正确？【错误。领馆馆长自派遣国发委任证，接受国外交部向其颁发领事证书时开始职务。】

3. 与外交人员同一户籍的家属在中国享有与外交人员相同的特权与豁免。该说法是否正确？【错误。不是同一户籍，而是与外交人员共同生活的配偶及未成年子女。】

4. 外交人员任职期间意外死亡，其家属的特权与豁免也随即终止。该说法是否正确？【错误。应当给予其家属一定的合理时间离境。】

5.甲国与乙国基于传统友好关系，兼顾公平与效率原则，同意任命德高望重并富有外交经验的丙国公民布朗作为甲乙两国的领事官员派遣至丁国。根据《维也纳领事关系公约》，下列哪一选项是正确的？（单选）

A.布朗既非甲国公民也非乙国公民，此做法违反《公约》

B.《公约》没有限制，此做法无须征得丁国同意

C.如丁国明示同意，此做法是被《公约》允许的

D.如丙国与丁国均明示同意，此做法才被《公约》允许

【考点】领事特权与豁免

【解析】领事官员原则上应属派遣国国籍，但如果经接受国明示同意，也可委派接受国国籍的人或第三国国籍的人为领事官员。选项A错误。

同时因为需要接受国明示，所以只要丁国明示接受即可，选项B、D错误，选项C正确。

综上，本题正确答案为选项C。

【得分速记】

经接受国明示同意，可委派接受国国籍的人或第三国国籍的人为领事官员。

考点二、外交关系与领事关系【外交关系A】【领事关系C】

（一）使馆、领馆的特权与豁免的区别（重要）

	使馆	领馆
馆舍不得侵犯	非经馆长同意接受国人员不得进入，不得进入的区域包括公务和休息区域以及馆长的私人官邸	1 非经馆长同意接受国人员不能进入的仅包括领馆的工作区域 2 遇紧急情况时，可推定领馆馆长已经同意而采取保护行动 3 确有必要时可征用领馆馆舍、设备及其财产，然而应给予补偿，不能征收
	PlanB：未经同意一律不能进	
通讯自由	共同点：①装置及使用无线电发报机均需经接受国许可 ②外交信差和领事信差执行职务时人身不得侵犯	
	不得开拆或扣留外交邮袋，同时应提供便利以保障迅速传递	如有重大理由可在派遣国授权代表在场下开拆。若派遣国拒绝开拆，邮袋应退回原发送地
	PlanB：惹不起，直接走	PlanB：欺负你，不让看就退回

判断分析

1.甲国驻乙国大使的私人官邸位于乙国某城市居民区，大使夫人疑似患有传染病，甲国卫生防疫人员可以立即进入官邸调查处理患者。该说法是否正确？【错误。因为使馆有政治职能，故非经馆长同意，接受国人员不得进入，不得进入的区域包括公务和休息区域以及馆长的私人官邸。】

2.乙国境内爆发某传染疾病，甲国驻乙国使馆内一服务人员疑似患有此传染病，只要甲国大使没有明确反对，乙国卫生防疫人员就可以进入乙国大使馆进行调查处理患者。该说法是否正确？【错误。非

经馆长同意，接受国人员不得进入，不得进入的区域包括公务和休息区域以及馆长的私人官邸。

3. 确有必要时，可征收领馆馆舍、设备及其财产，但应补偿。该说法是否正确？【错误。可征用领馆馆舍、设备及其财产，但是应给予补偿，不能征收】

4. 接受国不得开拆或扣留外交邮袋，但如有重大理由可在派遣国授权代表在场情况下开拆邮袋。该说法是否正确？【错误。外交邮袋不可拆，领馆邮袋有重大理由可在派遣国授权代表在场情况下开拆】

5. 甲乙二国建有外交及领事关系，均为《维也纳外交关系公约》和《维也纳领事关系公约》缔约国。乙国为举办世界杯足球赛进行城市改建，将甲国使馆区域、大使官邸、领馆区域均纳入征用规划范围。对此，乙国作出了保障外国使馆、领馆执行职务的合理安排，并对搬迁使领馆给予及时、有效、充分的补偿。根据国际法相关规则，下列哪些判断是正确的？（多选）

A. 如甲国使馆拒不搬迁，乙国可采取强制的征用搬迁措施
B. 即使大使官邸不在使馆办公区域内，乙国也不可采取强制征用搬迁措施
C. 在作出上述安排和补偿的情况下，乙国可征用甲国总领馆办公区域
D. 甲国总领馆馆舍在任何情况下均应免受任何方式的征用

【考点】使领馆的特权与豁免

【解析】使馆馆舍及设备，以及馆舍内其他财产与使馆交通工具免受搜查、征用、扣押或强制执行。选项A错误。

因为使馆有政治职能，故非经馆长同意，接受国人员不得进入，不得进入的区域包括公务和休息区域以及馆长的私人官邸。选项B正确。

确有必要时，可征用领馆馆舍、设备及其财产，但是应给予补偿，不能征收。选项C正确，选项D错误。

综上，本题正确答案为选项BC。

【得分速记】

（1）非经馆长同意，接受国人员不得进入的区域包括公务和休息区域以及馆长的私人官邸。

（2）领馆馆舍、设备及其财产可以征用，但是不能征收。

6. 根据《维也纳外交关系公约》，下列符合国际法的有哪些？（多选）

A. 甲国的外交邮袋可托交该国商业飞机机长转递
B. 甲乙两国宣战后，甲国查封乙国大使馆的档案文件
C. 即使甲国驻乙国大使馆长期处于撤离状态，乙国也不得进入其馆舍搜查档案文件
D. 甲国驻乙国大使馆利用馆舍庇护被乙国通缉的丙国人

【考点】外交特权与豁免、战争开始的法律后果

【解析】外交邮袋可以托交商业飞机机长转递，但机长不被视为外交信差。选项A正确。

战争开始后，使馆基于地位特殊性其馆舍财产和档案安全依然受到保护。选项B错误，选项C正确。

外交庇护是不合法的，选项D错误。

综上，本题正确答案为选项AC。

【得分速记】

外交庇护是不符合国际法的。

（二）外交人员、领事官员的特权和豁免的区别

	外交人员	领事官员
管辖豁免	（1）完全的刑事管辖豁免，刑事管辖豁免不等于责任豁免 （2）有例外的民事和行政管辖豁免例外： ①私有不动产之物权诉讼 ②以私人身份参与继承案件的诉讼 ③以外交代表于公务范围以外所从事的专业或商业活动引起的诉讼 ④主动诉而被反诉 （3）完全免除作证义务 PlanB：天生骄子，一律不做证 刑事一律不能管，民行例外可以管 外交人员管辖的豁免可以由派遣国放弃，但放弃必须是明示的，外交人员本身没有作出这种放弃的权利	领事官员执行职务行为，不受接受国的司法和行政管辖，也无相关的作证义务 PlanB：领事看职务
人身不得侵犯	原则：外交人员的人身不得侵犯 例外： （1）为防止或制止犯罪行为 （2）实施正当防卫	原则：领事官员的人身不得侵犯 例外： （1）犯有严重罪行 （2）司法机关已裁判执行的
	PlanB：一般不伤害人身，除非为了正义或执行裁判。	
免税	个人所得税与其他直接税免纳，但不包括间接税、遗产税、服务费等 PlanB：我这个人说话很直——个直免缴	

⚖ 判断分析

1. 外交人员享有完全的刑事管辖豁免。该说法是否正确？【正确。外交人员享有完全的刑事管辖豁免。】

2. 外交人员享有完全的刑事责任豁免。该说法是否正确？【错误。外交人员享有完全的刑事管辖豁免，刑事管辖豁免不等于责任豁免。】

3. 甲是某国驻中国大使馆的一等外交秘书，其向中国某法院起诉离婚，我国法院有权立即受理。该说法是否正确？【错误。涉及外交特权人的案件不可直接立即受理。】

4. 对犯有严重罪行的领事官员，接受国可将其羁押。该说法是否正确？【正确。原则上领事官员的人身不得侵犯，但犯有严重罪行的除外。】

5. 领事官员完全免除作证义务。该说法是否正确？【错误。领事官员执行职务行为，不受接受国的司法和行政管辖，也无相关的作证义务。】

6. 甲、乙两国均为《维也纳外交关系公约》缔约国，甲国拟向乙国派驻大使馆工作人员。其中，杰克是武官，约翰是二秘，玛丽是甲国籍会计且非乙国永久居留者。依该公约，下列哪一选项是正确的？（单选）

A. 甲国派遣杰克前，无须先征得乙国同意
B. 约翰在履职期间参与贩毒活动，乙国司法机关不得对其进行刑事审判与处罚
C. 玛丽不享有外交人员的特权与豁免
D. 如杰克因参加斗殴意外死亡，其家属的特权与豁免自其死亡时终止

【考点】外交特权与豁免

【解析】武官、使领馆馆长、非派遣国本国人和特别使团的派遣，派遣国须先征得驻在国同意才能派遣。杰克是武官，被派遣之前应当征得乙国同意。选项 A 错误。

外交人员包括馆长、参赞、武官、外交秘书和随员等，约翰作为二秘，是外交人员。外交人员刑事一律不能管，享有绝对的刑事管辖豁免权。选项 B 正确。

外交人员包括馆长、参赞、武官、外交秘书和随员等，玛丽是会计，属于行政人员。按理不享有外交特权，但根据《维也纳外交关系公约》规定，使馆的行政技术人员及与其构成同一户口的家属，如非接受国国民且不在该国永久居留者，亦享有特权和豁免，但有限制和修改：其执行职务范围以外的行为不享有民事和行政管辖的豁免。选项 C 错误。

人道主义，如遇使馆人员死亡，其家属应继续享有其应享有的特权与豁免，直到给予其离境的合理期间结束时为止。选项 D 错误。

综上，本题正确答案为选项 B。

【得分速记】

（1）武官、使领馆馆长、非派遣国本国人和特别使团的派遣，派遣国须先征得驻在国同意才能派遣。

（2）外交人员包括馆长、参赞、武官、外交秘书和随员等。

（3）特别可怜的行政人员及其家属（非接受国国民且不在该国永久居留者）破例在执行公务时享有外交特权与豁免。

7. 甲乙两国均为《维也纳外交关系公约》缔约国，汤姆为甲国驻乙国大使馆的武官，下列哪项判断是正确的？（单选）

A. 甲国大使馆爆发恶性传染病，乙国卫生人员可直接进入使馆馆舍消毒
B. 乙国应为甲国大使馆提供必要的免费物业服务
C. 非经乙国许可，甲国大使馆可以装置使用无线设备
D. 汤姆杀死了两个乙国人，乙国司法部不得对其进行刑事审判与处罚

【考点】使馆与外交人员

【解析】对于使馆，非经馆长同意接受国人员不得进入，不得进入的区域包括公务和休息区域以及馆长的私人官邸。因此即便爆发恶性传染病，乙国卫生人员也不可直接进入使馆馆舍消毒，必须经过馆长同意。选项 A 错误。

关于使领馆免税，个人所得税与其他直接税免纳，但不包括间接税、遗产税、服务费等。本题考察物业服务费，不属于免除范围。选项 B 错误。

装置及使用无线电发报机均需经接受国许可。选项 C 错误，注意文字表述，不要犯文字错误。

汤姆为甲国驻乙国大使馆的武官，属于外交人员。外交人员享有完全的刑事管辖豁免，因此乙国司法部不得对其进行刑事审判与处罚。选项 D 正确。

综上，本题正确答案为选项 D。

【得分速记】

（1）使馆，非经馆长同意接受国人员不得进入，不得进入的区域包括公务和休息区域以及馆长的私人官邸。

（2）使领馆免税免除"个直"，即个人所得税与其他直接税，不包括间接税、遗产税、服务费等。

【第五章必背句】

1 外交人员——馆长秘书，文武随员。

2 职务开始：级别高，交过去；级别低，等着发；其余人，自动。

3 馆舍区别：

使馆：非经馆长同意，不得进入的区域包括公务和休息区域以及馆长的私人官邸；

领馆：非经馆长同意，接受国人员不能进入的仅包括领馆的工作区域。

4 人员区别：

外交人员：天生骄子，一律不作证，刑事一律不能管，民行例外可以管。

领事人员：有没有特权看职务。

5 税务：个直免缴。

第六章 条约法

由两个或两个以上国家签订的，确定签约国在政治、经济、军事、文化等方面所拥有的权利和义务的协议。包括公约、协定、换文、联合宣言、宪章等。由两个国家签订的条约称"双边条约"；三个或三个以上国家签订的条约称"多边条约"。条约一般具有时间性，如果期满不再续签即失效。实践中，条约并不因其非书面形式而影响其法律效力。

考点一、条约的成立【条约法概述 C】

条约有效成立必须具备三个实质要件：缔约主体具有缔约能力和缔约权、自由同意和符合国际强行法。

缔约能力	国际法主体（国家、政府间国际组织以及某些特定的政治实体）
缔约权	国内法
全权证书	（1）国家元首、政府首脑、外交部长、使馆馆长和派驻国际组织的代表无须出具全权证书，除非另有约定 （2）全权证书的签署原则上由国务院总理或外交部长签署，如果是以政府部门的名义签署协定，由部门首长出具授权证书

注意：

1. 书面与否不影响条约的效力。

2. 联合国会员国缔结的条约应当在联合国秘书处登记，否则联合国机构不得援引。

3. 违反国际强行法的条约无效但并非均自始无效。条约在缔结时与一般国际法强行规则相抵触者自始无效；条约缔结后如遇新的强行规则产生时，与该规则相抵触者失效并终止。

判断分析

1. 甲国和乙国某跨国公司所签订的成片开发甲国土地的协议构成有效条约。该说法是否正确？【错误。条约必须是由两个或两个以上国家签订的。】

2. 甲国和乙国签署的共同武力攻打丙国的法律文件构成有效条约。该说法是否正确？【错误。条约不可以违反国际强行法规定。】

3. 与国际强行法冲突的条约无效。该说法是否正确？【正确。与国际强行法冲突的条约无效。】

4. 条约若与国际强行法冲突，该条约自始无效。该说法是否正确？【错误。与国际强行法冲突的条约无效，但不一定是自始无效。】

5. 中国外交部长参加条约谈判，无须出具全权证书。该说法是否正确？【正确。国家元首、政府首脑、外交部长、使馆馆长和派驻国际组织的代表无须出具全权证书。】

6. 甲国副总统代表甲国参与某多边公约的谈判缔约，无须出具全权证书。该说法是否正确？【错误。国家元首、政府首脑、外交部长、使馆馆长和派驻国际组织的代表无须出具全权证书，但是仅限于正职。】

7. 甲国驻中国公使代表甲国与中国谈判缔约，无须出具全权证书。该说法是否正确？【正确。公使属于使馆馆长，国家元首、政府首脑、外交部长、使馆馆长和派驻国际组织的代表无须出具全权证书。】

8. 中国拟与甲国就有关贸易条约进行谈判。根据我国相关法律规定，下列哪一选项是正确的？（单选）

A. 除另有约定，中国驻甲国大使参加该条约谈判，无须出具全权证书
B. 中国驻甲国大使必须有外交部长签署的全权证书方可参与谈判
C. 该条约在任何条件下均只能以中国和甲国两国的官方文字作准
D. 该条约在缔结后应由中国驻甲国大使向联合国秘书处登记

【考点】缔结条约的程序

【解析】位高权重之人身份就是名片，无需全权证书。依据我国《缔结条约程序法》第6条规定，使馆馆长谈判、签署条约、协定，无须出具全权证书。选项A正确，选项B错误。

依据《缔结条约程序法》第13条规定："中华人民共和国同外国缔结的双边条约、协定，以中文和缔约另一方的官方文字写成，两种文本同等作准；必要时，可以附加使用缔约双方同意的另一种第三国文字，作为同等作准的第三种正式文本或者作为起参考作用的非正式文本；经缔约双方同意，也可以规定对条约、协定的解释发生分歧时，以该第三种文本为准。某些属于具体业务事项的协定，以及同国际组织缔结的条约、协定，经缔约双方同意或者依照有关国际组织章程的规定，也可以只使用国际上较通用的一种文字。"因此文字的选择不是唯一的。选项C错误。

中华人民共和国缔结的条约和协定由外交部按照联合国宪章的有关规定向联合国秘书处登记。选项D错误。

综上，本题正确答案为选项A。

【得分速记】

对于位高权重之人，身份就是名片，无需全权证书，比如：国家元首、政府首脑、使馆馆长、外交部长。

考点二、条约的缔结程序（重要）【条约的缔结 A】

	表示接受条约拘束的方式	我国对应的程序 （依《缔约程序法》）
缔结新条约	签署	无
	批准 条约或重要协定	人常定，主席签
	核准 其他协定或条约性质的文件	国务院定，总理或外长签

第六章 条约法

	表示接受条约拘束的方式	我国对应的程序 （依《缔约程序法》）
进入已经缔结的条约	加入	条约和重要协定**人常**定，**外长**签
		其他协定或条约性质的文件**国务院**定，**外长**签
	接受	**国务院**定，**外长**签
	加入和接受一般是指未参与谈判的国家表示接受条约拘束的方式，但是以加入方式还是以接受方式进入条约取决于条约本身的规定。此外，加入和接受可以是在条约签署后生效前，也可以是在条约生效后	

应当履行批准程序的条约或重要协定包括：
（1）**友好**合作条约、**和平**条约等政治性条约；
（2）有关**领土和划定边界**的条约、协定；
（3）有关**司法协助、引渡**的条约、协定；
（4）同中华人民共和国法律有**不同规定**的条约、协定；
（5）缔约各方议定须经**批准**的条约、协定；
（6）其他须经批准的条约、协定。

注意：联合国会员国缔结的条约应当在秘书处登记。登记与否不影响条约的生效，但影响条约被联合国机关援引。我国外交部负责条约的登记事项。

> 超级 PlanB：
> 决定主体——
> 签字主体——

判断分析

1. 一国签署条约就有批准条约的义务。该说法是否正确？【错误。签署归签署，批准归批准，**签署不一定必须批准**。】

2. 表示接受条约拘束的方式取决于条约本身的规定。该说法是否正确？【正确。表示接受条约拘束的方式取决于条约本身的规定。】

3. 接受多边条约和协定，由国务院决定，接受书由外交部长签署。该说法是否正确？【正确。接受多边条约和协定，由**国务院**决定，接受书由**外交部长**签署。】

4. 在条约本身没有约定的情况下，批准条约和重要协定，由全国人大常委会决定，接受书由主席签署。该说法是否正确？【正确。批准条约和重要协定，由**全国人大常委会**决定，接受书由**主席**签署。】

5. 中国参与某项民商事司法协助多边条约的谈判并签署了该条约，下列哪些表述是正确的？（多选）
A. 中国签署该条约后有义务批准该条约
B. 该条约须由全国人大常委会决定批准
C. 对该条约规定禁止保留的条款，中国在批准时不得保留
D. 如该条约获得批准，对于该条约与国内法有不同规定的部分，在中国国内可以直接适用，但中国

声明保留的条款除外

【考点】条约的签订

【解析】签署不等于批准,国家没有必须批准其所签署的条约的义务。选项 A 错误。

关于决定主体,批准、加入重要条约协定由全国人大常委会决定,其他形式都找国务院决定。司法协助多边条约属于重要条约协定。选项 B 正确。

条约规定禁止保留的情况下不得提出保留。选项 C 正确。

仔细读题,虽然条约在我国的适用分为三种情况,但是因为题目已经明确属于民商领域,所以直接优先适用。选项 D 正确。

综上,本题正确答案为选项 BCD。

【得分速记】

关于决定主体,批准、加入重要条约协定由全国人大常委会决定,其他形式都找国务院决定。

6. 依据《中华人民共和国缔结条约程序法》及中国相关法律,下列哪些选项是正确的?(多选)

A. 国务院总理与外交部长参加条约谈判,无需出具全权证书

B. 由于中国已签署《联合国国家及其财产管辖豁免公约》,该公约对我国具有拘束力

C. 中国缔结或参加的国际条约与中国国内法有冲突的,均优先适用国际条约

D. 经全国人大常委会决定批准或加入的条约和重要协定,由全国人大常委会公报公布

【考点】条约的缔结

【解析】国务院总理和外交部部长参加条约谈判无须出具全权证书。选项 A 正确。

签署不代表批准,只签署不代表具有拘束力,条约和重要协定须经全国人大常委会批准才具有拘束力。选项 B 错误。

条约在我国的适用有三种情况,不是每种情况下均优先适用国际条约的。选项 C 错误。

《缔约程序法》第 15 条规定:"经全国人民代表大会常务委员会决定批准或者加入的条约和重要协定,由全国人民代表大会常务委员会公报公布。其他条约、协定的公布办法由国务院规定。"选项 D 正确。

条约的签订口诀必记:

决定主体——批准、加重人常定,其他都找国务院。

签字主体——签字基本找外长,批准找主席,核准或总理。

本选项中,因为是批准或加入重要条约协定,因此决定主体应该是全国人大常委会,当然也由全国人大常委会公报公布。

综上,本题正确答案为选项 AD。

【得分速记】

(1) 条约的签订口诀必记:

决定主体——批准、加重人常定,其他都找国务院。

签字主体——签字基本找外长,批准找主席,核准或总理。

(2) 签署不代表批准,只签署不代表具有拘束力。

第六章 条约法

考点三、条约的保留、适用与冲突【条约的缔结 A】【条约的适用 A】

（一）条约的保留

条约的保留是指"一国于签署、批准、接受、赞同或加入条约时所作之片面声明，不论措辞或名称为何，其目的在于摒除或更改条约中若干规定对该国使用之时之法律效果"。双边条约一般不存在保留问题，多边条约则经常出现。这主要因为多边条约参加国较多，各国利益往往又相互矛盾，有的国家在参加条约时不能接受某些条款，所以就引出保留问题。

注意：
1. 条约的保留属于一种单方声明。
2. 条约本身可以是一个生效条约，但是条约的保留只可以发生在条约尚未对本国发生效力时。
3. 在保留国与接受保留国之间按保留范围改变相应条约条款，保留国与反对保留国（不反对条约生效）之间，保留所涉规定在两国之间视为不存在，适用条约规定。
4. 对条约规定禁止保留的条款，缔约国在批准时不得保留。

> **PlanB:** 条约的保留——求同存异，有争议的内容视为不存在。

🔨 判断分析

1. 保留只能在条约尚未生效时作出。该说法是否正确？【错误。条约本身可以是一个生效条约，但是条约的保留只可以发生在条约尚未对本国发生效力时。】
2. 保留只能在条约尚未对保留国生效时作出。该说法是否正确？【正确。保留只能在条约尚未对保留国生效时作出。】
3. 对条约规定禁止保留的条款，缔约国在批准时不得保留。该说法是否正确？【正确。对条约规定禁止保留的条款，缔约国在批准时不得保留。】

（二）条约的适用

条约的适用不要求条约在缔约国均享有优先适用的效力，也不要求缔约国的国内法必须与条约一致。

条约对第三国的效力：
1. 若条约为第三国设定义务，需要第三国书面、明示接受方有效。
2. 若条约为第三国设定权利，第三国不反对即有效。
3. 若条约取消第三国权利义务，原则上须经第三国同意才有效。

（三）条约的冲突

条约的冲突是指一国就同一事项先后参加的两个或几个条约的规定相互冲突，解决条约冲突的方法一般有以下两种：
1. 条约本身有有效规定。（如：会员国间缔结的条约若与《联合国宪章》冲突，《宪章》优先）
2. 条约无有效规定：若当事国完全相同，则后约取代先约；若当事国不完全相同，则按个案处理。

```
        旧约        新约
         _____
        /     \/    \
       /      /\     \
      |  甲  |乙| 丁 |
       \     |丙|    /
        \____\/____/
```

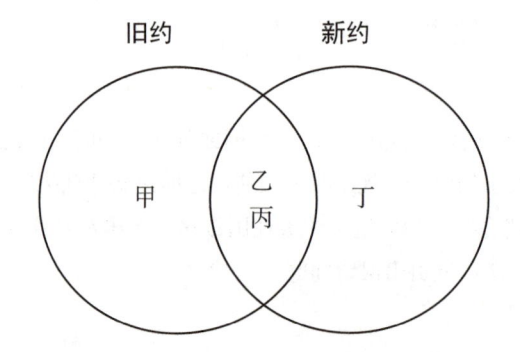

📌 判断分析

1. 甲、乙、丙三国订有贸易条约，后甲、乙两国又达成了新的贸易条约，其中许多规定与三国前述条约有冲突。甲、乙两国均为《维也纳条约法公约》的缔约国。根据条约法，甲、乙之间适用哪个条约？乙、丙之间适用哪个条约？甲、丙之间适用哪个条约？【甲、乙之间适用新条约；乙、丙之间适用旧条约；甲、丙之间适用旧条约。】

2. 甲乙丙丁都是某多边条约的缔约国，条约规定缔约国之间就该条约产生的纠纷应由国际法院管辖，甲国对此规定声明保留。乙国表示接受甲国的保留；丙国不仅反对甲国的保留，还反对条约在甲丙之间生效；丁国仅反对甲国的保留，但不反对条约其他条款在甲丁两国的适用。甲乙丙丁都是《维也纳条约法公约》的缔约国。

   a. 甲乙之间因该条约产生的纠纷应由国际法院管辖。【错误。甲乙丙丁都是某多边条约的缔约国，条约规定缔约国之间就该条约产生的纠纷应由国际法院管辖，甲国对此规定声明保留。乙国表示接受甲国的保留，国际法院管辖的大前提是当事国明确书面同意，因为甲国保留，所以国际法院不能管辖。】

   b. 丙国可反对甲国的保留，但不能反对条约在甲丙之间的生效。【错误。丙国不仅反对甲国的保留，还反对条约在甲丙之间生效，注意丙国不只是反对保留，如果单纯反对保留，那么可以适用其他条款，但如果也反对整个条约，那么只能视为条约对其不适用。】

   c. 甲丁之间条约有效，仅保留所涉的规定在两国之间视为不存在。【正确。注意条约保留的基本原则为：搁置争议，共同发展。即便反对保留，也不意味着两国没有条约关系，只是争议条款视为不存在罢了，其他条款依然有效。】

   d. 乙丁之间因该条约产生的纠纷应由国际法院管辖。【正确。乙丁没有提出保留，因此它们直接适用原条款。】

考点四、条约的解释、修正与终止【条约的适用 A】

（一）条约的解释

条约解释，是指对于条约的具体规定的真实含义依照一定的规则所进行的说明。按照条约必须遵守原则，条约的当事国应当遵守条约，善意履行条约义务。因此，对条约具体规定的含义进行剖析，查明其真实含义，对于条约的履行至关重要。解释的规则包括根据上下文和通常含义解释，符合目的和宗旨解释，善意解释。在具体解释中，应遵循有效性解释，即不能通过解释条约来阻挠或破坏条约履行，如果是缔约国以外的第三方解释条约，应当秉持着中立的立场，如果是缔约方解释，应当作出<u>有利于对方</u>或者<u>不利于己方</u>的解释。

> **PlanB:** 条约的解释——不占便宜。

判断分析

1.条约的解释应以诚实信用履行条约为出发点，不能试图阻挠或破坏条约的履行。该说法是否正确？【正确。条约的解释应以诚实信用履行条约为出发点。】

2.甲、乙两国以甲、乙两种语言缔结了某条约，条约生效后双方发现对于两个文本第 10 条的某些用语有分歧。已知，依乙国语言文本进行解释对甲国更有利，因此甲国可以采取乙国的解释。该说法是否正确？【错误。解释应当作出<u>有利于对方</u>或者<u>不利于己方</u>的解释。】

（二）多边条约的修正

条约修正后，凡有权成为条约当事国的国家，也有权成为修正后条约的当事国。条约修正的法律后果：

（1）修正条约的协定只对协定当事国有效，对于不是协定当事国而只是条约当事国的国家没有拘束力。

（2）修正条约的协定生效之后，成为该条约当事国的国家，<u>除非当事国有相反表示</u>，否则应视为<u>修正之后</u>条约的当事国。

（3）如若一方当事国接受修正条约，一方当事国不接受修正条约，两国之间适用未修正条约。

注意：条约的冲突是先后有两个条约，分别进入两条约的国家之间是没有条约关系的。

条约的修正是一个条约的先后两个文本，分别接受修正前和修正后文本的国家之间是有条约关系的，按修正前文本解决相互间的关系。

判断分析

某条约于 1925 年缔结，甲、乙、丙三国为其原始缔约国。1950 年该条约依照条约规定的程序进行修正，形成了 1950 年修订本，甲、乙两国接受了该修订本，而丙国拒绝接受该修订本。1962 年，丁国申请加入了该条约。据此：

1.1950 年的修订是依照条约规定的程序进行的，该修订合法，因此修订本自然地适用于所有条约成员国。该说法是否正确？【错误。不适用于丙国，因为丙国拒绝接受该修订本。】

2.该条约的 1950 年修订本不适用于丙国。该说法是否正确？【正确。因为丙国拒绝接受该修订本。】

3.如果丁国在加入时没有相反意思表示，应将其视为该条约 1950 年修订本的当事国。该说法是否正确？【正确。修正条约的协定生效之后，成为该条约当事国的国家，除非当事国有相反表示。】

4.因为丁国是在该条约修订后才加入的，因此其只能是该条约 1950 年修订本的当事国。该说法是否正确？【错误。丁国可以有相反表示，自由选择。】

（三）条约的终止

导致条约终止的违约必须属于重大违约，包括：

（1）条约当事国一方片面非法终止条约；

（2）违反条约规定，且这种规定是实现条约的目的和宗旨所必要的。

【第六章必背句】

1 国家元首、政府首脑、外交部长、使馆馆长和派驻国际组织的代表（正职）无须出具全权证书，除非另有约定。

2 违反国际强行法的条约无效，但并非均自始无效。

3 签订条约：

决定主体——批准加重人常定，其他都找国务院。

签字主体——签字基本找外长：批准找主席，核准加总理。

4 条约的保留——求同存异，有争议的内容视为不存在。

5 条约的解释——不占便宜。

第七章 国际争端的解决方式

考点一、国际争端的政治性解决方式【国际争端的解决 C】

1. 谈判与协商

2. 斡旋与调停

斡旋是第三者促使谈判协商，调停是第三者提出方案并参加或主持谈判。

3. 调查、和解

调查只解决事实问题，和解解决事实和法律问题。

判断分析

1. 甲、乙两国发生争端，联合国秘书长说服甲、乙两国以协商方式解决争端，秘书长的行为超越了其职权范围。该说法是否正确？【错误。联合国秘书长可以说服调解甲乙两国的争端。】

2. 除非特别约定，谈判或协商的当事国没有达成有约束力协议的义务。该说法是否正确？【正确。谈判或协商的当事国没有达成有约束力协议的义务。】

3. 斡旋与调停国对斡旋或调停的成败不承担任何法律义务或后果。该说法是否正确？【正确。斡旋与调停国对斡旋或调停的成败不承担任何法律义务或后果。】

考点二、国际争端的强制性解决方式【国际争端的解决 C】

国际争端的强制性解决方式是指一国为使另一国同意按其意愿解决争端而采取的单方面强制行为。国际争端的强制性解决办法主要有两大类：非合法——战争、武力解决、干涉内政；合法但不提倡——反报、报复。

平时封锁是和平时期一国的海军对另一国的海岸进行封锁，禁止有关船只的出入，需要注意的是，平时封锁不能是一种国家解决争端采用的合法方式，只有安理会作出决议并采取行动才是合法的。

注意：反报 vs 报复

反报：针对不违法行为的对等反措施。报复：针对违法行为的对等反措施。

判断分析

1. 甲、乙两国发生纠纷，丙国为支持甲国出面进行干涉，这是符合国际法的。该说法是否正确？【错误。干涉内政属于违法行为。】

2. 甲国爆发大规模传染病，乙国宣布禁止甲国人入境，一周后甲国也宣布禁止乙国人入境。本案

中甲国采用的争端解决方式称为反报。该说法是否正确？【正确。针对不违法行为的对等反措施属于反报。】

考点三、国际争端的法律解决方式【国际法院 A】

国际争端的法律解决办法包括仲裁解决与法院解决两种。

（一）仲裁解决

仲裁解决时，争端当事方自愿将争端交给他们自行选任的仲裁者裁决，并承诺服从其裁决。

注意：国际常设仲裁法院于 1900 年在海牙设立，由常设行政理事会与国际事务局两个机构组成。

（二）▲国际法院

国际法院在管辖时，主要行使诉讼管辖权和咨询管辖权。其中诉讼管辖权对应的主体是国家，国际组织、法人、个人均不可以成为国际法院的诉讼当事者。国际法院作出的判决具有拘束力。而咨询管辖权是指国际法院对于法律问题提出的权威性意见，没有拘束力，能请求法院提供咨询意见的主体包括联合国大会及大会临时委员会、安理会、经社理事会、托管理事会、申请委员会、经大会授权的联合国专门机构或者其他机构。

（三）国际海洋法法庭

国际海洋法法庭是《海洋法公约》为解决关于海洋方面的争端而创设的一个常设性国际司法机构，其只能审理海洋争端。诉讼主体可以是缔约国或其他主体，包括自然人和法人。

诉讼管辖权须以争端双方同意为条件，国际海洋法法庭只有诉讼管辖权，没有咨询管辖权。

（四）国际商事法庭【涉外民商事案件的管辖权 A】

国际商事法庭是最高人民法院设立的专门处理国际商事纠纷的常设审判机构，案件审理由三名或者三名以上法官组成合议庭进行。国际商事法庭实行一审终审制，作出的判决、裁定是发生法律效力的判决、裁定。

国际商事法庭受理下列案件：

（1）当事人依照《民事诉讼法》第 35 条的规定协议选择最高人民法院管辖且标的额为人民币 3 亿元以上的第一审国际商事案件；

（2）高级人民法院对其所管辖的第一审国际商事案件，认为需要由最高人民法院审理并获准许的；

（3）在全国有重大影响的第一审国际商事案件；

（4）依照《最高人民法院关于设立国际商事法庭若干问题的规定》第 14 条申请仲裁保全、申请撤销或者执行国际商事仲裁裁决的；

（5）最高人民法院认为应当由国际商事法庭审理的其他国际商事案件。

国际商事法庭审理案件，依照《中华人民共和国涉外民事关系法律适用法》的规定确定争议适用的实体法律。当事人依照法律规定选择适用法律的，应当适用当事人选择的法律。国际商事法庭审理案件应当适用域外法律时，可以通过当事人、中外法律专家、法律查明服务机构、相关使领馆等途径查明。

需要注意的是，在国际商事法庭中调查收集证据以及组织质证的时候，可以采用视听传输技术以及其他信息网络方式；质证程序是必经的，不可省略；证据如果是英文且对方当事人同意的，可以不提交中文翻译本。

附：《最高人民法院关于涉外民商事案件诉讼管辖若干问题的规定》2023年1月1日起施行

法院	管辖范围
基层人民法院	第一审涉外民商事案件
中级人民法院	争议标的额大的第一审涉外民商事案件 （北京、天津、上海、江苏、浙江、福建、山东、广东、重庆辖区中级人民法院，管辖诉讼标的额人民币4000万元以上（包含本数）的涉外民商事案件；河北、山西、内蒙古、辽宁、吉林、黑龙江、安徽、江西、河南、湖北、湖南、广西、海南、四川、贵州、云南、西藏、陕西、甘肃、青海、宁夏、新疆辖区中级人民法院，解放军各战区、总直属军事法院，新疆维吾尔自治区高级人民法院生产建设兵团分院所辖各中级人民法院，管辖诉讼标的额人民币2000万元以上（包含本数）的涉外民商事案件） 案情复杂或者一方当事人人数众多的第一审涉外民商事案件 其他在本辖区有重大影响的涉外民商事案件
高级人民法院	诉讼标的额人民币50亿元以上（包含本数）或者其他在本辖区有重大影响的第一审涉外民商事案件 高级人民法院认为确有必要的，经报最高人民法院批准，可以指定一个或数个基层人民法院、中级人民法院分别对基层法院、中级法院管辖的第一审涉外民商事案件实行跨区域集中管辖，高级人民法院应及时向社会公布该基层人民法院、中级人民法院相应的管辖区域。

⚖️ 判断分析

1. 国际法院法官对涉及其国籍国的案件，不适用回避制度，除非其就任法官前曾参与该案件。该说法是否正确？【正确。国际法院法官对涉及其国籍国的案件，不适用回避制度，除非其就任法官前曾参与该案件。】

2. 若争端一方拒不履行国际法院判决，他方得向联合国安理会提出申诉，请求由安理会作出建议或决定采取措施执行判决。该说法是否正确？【正确。国际主体中只有安理会具有执行权。】

3. 国际法院作出的判决和咨询意见都具有法律拘束力。该说法是否正确？【错误。咨询意见没有法律拘束力。】

4. 国际海洋法法庭的设立不排除国际法院对海洋活动争端的管辖。该说法是否正确？【正确。国际海洋法法庭的设立不排除国际法院对海洋活动争端的管辖。】

5. 只有国家有权向国际海洋法法庭起诉。该说法是否正确？【错误。自然人、法人也可以向国际海洋法法庭起诉。】

6. 根据国际法相关规则，关于国际争端解决方式，下列哪些表述是正确的？（多选）

A. 甲乙两国就界河使用发生纠纷，丙国为支持甲国可出面进行武装干涉

B. 甲乙两国发生边界争端，丙国总统可出面进行调停

C. 甲乙两国可书面协议将两国的专属经济区争端提交联合国国际法院，国际法院对此争端拥有管辖权

D. 国际法院可就国际争端解决提出咨询意见，该意见具有法律拘束力

【考点】国际争端的解决

【解析】国际争端的强制性解决办法主要有两大类：非合法——战争、武力解决、干涉内政；合法但不提倡——平时封锁、反报、报复。武装干涉不合法。选项A错误。

谈判与协商、斡旋与调停、调查与和解都属于国际争端的政治性解决方式，是合法的。选项B正确。

国际法院根据当事国各方的同意进行管辖，注意一定是各方都同意，单方同意不行。选项C正确。

咨询意见没有法律拘束力。所以选项D错误。

综上，本题正确答案为选项BC。

【得分速记】

（1）国际法院的咨询意见只是个意见，没有法律拘束力。

（2）国际法院获取管辖权必须争端方全部同意，单方同意不行。

7. 甲乙两国就海洋的划界一直存在争端，甲国在签署《联合国海洋法公约》时以书面声明选择了海洋法法庭的管辖权，乙国在加入公约时没有此项选择管辖的声明，但希望争端通过多种途径解决。根据相关国际法规则，下列选项正确的是：(不定项)

A. 海洋法法庭的设立不排除国际法院对海洋活动争端的管辖

B. 海洋法法庭因甲国单方选择管辖的声明而对该争端具有管辖权

C. 如甲乙两国选择以协商解决争端，除特别约定，两国一般没有达成有拘束力的协议的义务

D. 如丙国成为双方争端的调停国，则应对调停的失败承担法律后果

【考点】国际海洋法法庭的管辖权

【解析】国际海洋法法庭是《海洋法公约》为解决关于海洋方面的争端而创设的一个常设性国际司法机构，其只能审理海洋争端，并且不排除国际法院对海洋争端的管辖，当事主体可以自主选择。选项A正确。

国际海洋法法庭诉讼管辖权须以争端双方同意为条件。因此单方选择是不具有效力的。选项B错误。

此项可参考民诉中的当事人协商，除非特别约定，一般协商的当事国没有达成有拘束力协议的义务。选项C正确。

调停国对于进行调停成败不承担任何法律义务或后果，"不能让好人寒了心"。选项D错误。

综上，本题正确答案为选项AC。

【得分速记】

（1）国际海洋法法庭的设立不排除国际法院对海洋争端的管辖，当事人可自主选择。

（2）国际海洋法法庭诉讼管辖权须以争端双方同意为条件。

（3）"不能让好人寒了心"，调停国对于进行调停成败不承担任何法律义务或后果。

8. 中国国际商事法庭受理了中国甲公司和新西兰乙公司的国际货物买卖合同纠纷，审理过程中乙公司咨询能否通过视听传输技术等信息网络方式质证，根据最高人民法院《关于设立国际商事法庭若干问题的规定》，下列哪一选项是正确的？（单选）

A. 国际商事法庭的审限应为 6 个月
B. 当事人可就本案判决向国际商事法庭申请执行
C. 若双方当事人无异议，为方便外方当事人，国际商事法庭可以用英文制作判决书
D. 本案必须现场质证，不可以网络方式质证

【考点】国际商事法庭

【解析】人民法院审理涉外民事案件的期间，不受一审审限、二审审限规定的限制。选项 A 错误。

国际商事法庭作为最高人民法院的常设审判机构，其作出的判决、裁定当然具有强制执行力。选项 B 正确。

关于审理，中国法院的审理、判决书都是中文。选项 C 错误。

国际商事法庭调查收集证据以及组织质证，可以采用视听传输技术及其他信息网络方式。选项 D 错误。

综上，本题正确答案为选项 B。

【得分速记】
（1）国际商事法庭作为最高人民法院的常设审判机构，其作出的判决、裁定当然具有强制执行力。
（2）中国法院的审理、判决书都是中文。只是证据可以用英文罢了。

【第七章必背句】
1 调查只解决事实问题，和解解决事实和法律问题。
2 报复违法的，反报合法的。
3 国际海洋法法庭只能审理海洋争端。
4 国际商事法庭最高人民法院设立的，实行一审终审制，可申诉不能上诉。

第八章
战争与武装冲突法【战争法A】

考点一、概述

国际法上战争的开始与结束均以"意思表示"为标志，意思表示可以书面也可以口头，战争不以"武装冲突"为标志，宣而不战也是战争。

战争开始的法律后果：

	外交和领事关系**断绝**，但特权与豁免不因此减损	
条约变化	缔约方为交战国：领土条约**有效**，友好关系的政治条约**废止**，其他条约暂停适用	
	交战国与非交战国的多边条约：与战争冲突的条款暂停适用（约定除外）	
	涉及战争规范的条约：开始适用	
	经贸往来**禁止**	
对敌国和敌国公民的影响	敌国公产	敌国本国境内的：**可没收**（使馆财产除外）
		占领区的：可以征用但不得没收
	敌国私产	可以限制使用但不得没收
	敌国公民	可以限制但应**尊重**其人身和财产权利

PlanB: 敌国公产、私产的没收

敌国公产、私产的没收		
出现地	敌国公产	敌国私产
本国国内	√	×
本国国外	×	×

注意：交战国在海上遇上敌国公私船舶，均可予以拿捕没收，但从事探险、科学研究以及执行医院任务的船舶除外。对敌国公私航空器均可以拿捕没收。

> **PlanB:** 战争的后果：
> 想赚钱：绝不可能。
> 条约：领土的继续有效，友好的废掉。
> 财产：只有极端情况才能没收——本国境内的交战国公产。

第八章　战争与武装冲突法【战争法A】

判断分析

1. 停战、无条件投降、停火与休战等均属于法律意义的战争结束。该说法是否正确？【错误。国际法上战争的开始与结束均以"意思表示"为标志。】

2. 缔结和平约、发表战争结束的单或联合声明属于法律意义的战争结束。该说法是否正确？【正确。国际法上战争的开始与结束均以"意思表示"为标志。】

3. 交战国对于其境内的敌国国家财产，除属于使馆的财产档案等外，可予以没收。该说法是否正确？【正确。交战国对于其境内的敌国国家财产，除属于使馆的财产档案等外，可予以没收。】

4. 交战国对于其境内的敌国人民的私产可予以限制，但不得没收。该说法是否正确？【正确。交战国对于其境内的敌国人民的私产可予以限制，但不得没收。】

5. 战争一旦开始，交战国之间的领土条约当即失效。该说法是否正确？【错误。领土条约有效。】

6. 甲、乙国发生战争，丙国发表声明表示恪守战时中立义务。对此，下列哪一做法不符合战争法？（单选）

A. 甲、乙战争开始后，除条约另有规定外，二国间商务条约停止效力

B. 甲、乙不得对其境内敌国人民的私产予以没收

C. 甲、乙交战期间，丙可与其任一方保持正常外交和商务关系

D. 甲、乙交战期间，丙同意甲通过自己的领土过境运输军用装备

【考点】战争开始的法律后果

【解析】战争开始后，经贸往来禁止，友好关系的政治条约废止，其他条约暂停适用。选项A正确。

敌国私产可以限制使用但不得没收。选项B正确。

中立国在战时享有与交战国保持正常外交和商务关系的权利。选项C正确。

中立国应该中立，防止交战国在其领土或其管辖范围内的区域从事战争，或利用其资源准备从事战争敌对行动以及与战争相关的行动。选项D错误。

综上，本题正确答案为选项D。

【得分速记】

中立国应该中立，可以正常商务往来但是不能偏袒任何一方交战国，给予其武力等不公平的帮助。

7. 甲乙两国爆发大规模武装冲突，大量甲国难民涌入乙国，甲乙两国都是《联合国难民公约》的缔约国，下列说法正确的是？（单选）

A. 甲国的难民A到乙国，经乙国同意可以从事营利性活动

B. 甲国的难民B未经乙国许可进入乙国，乙国可对其进行惩罚

C. 如果甲国的难民C回国将面临生命安全威胁，在任何情况下，乙国都不能将其遣返

D. 乙国对合法在其领土内的难民应给以尽可能优惠的待遇，此项待遇不得低于本国人在同样情况下所享有的待遇

【考点】战争的后果

【解析】难民A从事营利活动是在经过乙国同意的情况下，并不会危害乙国的国家主权。同时，难民A从事营利活动养活自己也符合人道主义原则。选项A正确。

对于未经许可而进入或逗留于一国领土的难民，如向当局说明其正当理由，该缔约国不得因该难民的非法入境或逗留而处以刑罚。选项B错误。

任何缔约国不得以任何方式将难民驱逐或送回至其生命或自由因为他的种族、宗教、国籍、参加某

一社会团体或具有某种政治见解而受威胁的领土边界。但如有正当理由认为难民足以危害所在国的安全，或者难民已被确定判决认为犯过特别严重罪行从而构成对该国社会的危险，则该难民不得要求本条规定的利益。因此，如果难民C足以危害到乙国的安全，乙国可以将其遣返，选项C错误。

缔约各国对合法在其领土内的难民，就其自己经营农业、工业、手工业、商业以及设立工商业公司方面，应给以尽可能优惠的待遇，无论如何，此项待遇不得低于一般外国人在同样情况下所享有的待遇。不是本国人，而是外国人。选项D错误。

综上，本题正确答案为选项A。

【得分速记】

如有正当理由认为难民足以危害所在国的安全，可将该难民遣返。

考点二、作战规则

（一）对作战手段和方法的限制

1. 对武器的限制：

（1）禁止使用极度残酷的武器。

（2）禁止使用有毒、化学和生物武器。

（3）禁止使用杀伤人员的地雷。

（4）针对车辆的地雷和可遥控爆炸装置还未被国际法明确禁止。

关于核武器：持续反对者原则。

2. 禁止不分皂白（不区分军事目标和平民目标）的战争手段和作战方法。

3. 禁止改变环境的作战手段和方法。

4. 禁止背信弃义的战争手段和作战方法，但不禁止使用诈术。

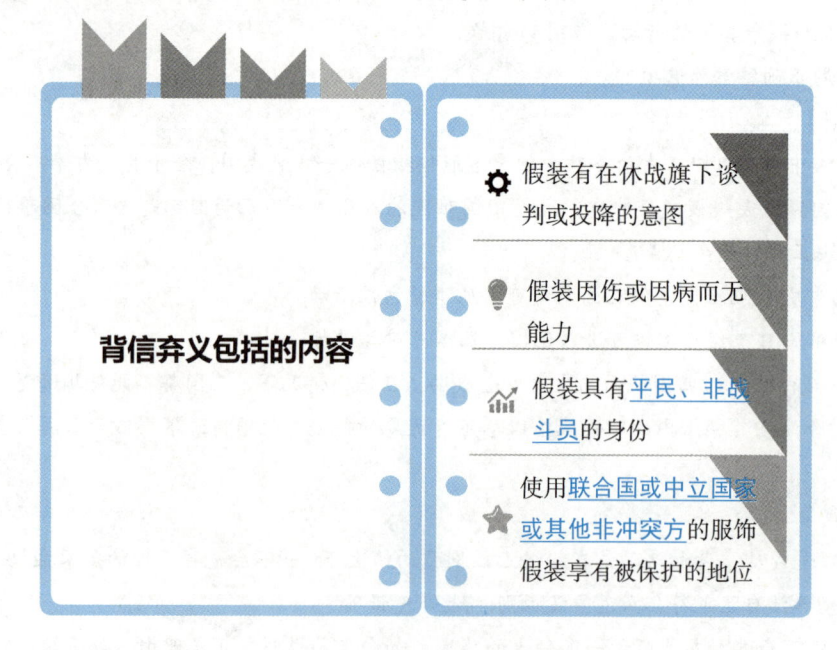

背信弃义包括的内容	
	假装有在休战旗下谈判或投降的意图
	假装因伤或因病而无能力
	假装具有平民、非战斗员的身份
	使用联合国或中立国家或其他非冲突方的服饰
	假装享有被保护的地位

> **PlanB:** 背信弃义 VS 诈术
> 核心：看伪装的是谁
> 1 伪装的是交战方——诈术；
> 2 伪装的是非交战方——背信弃义。

（二）保护战时平民和战争受难者

1. 人道主义原则：不侵害其人身权利、财产权利和人格尊严。
2. 战后立即遣返战俘。

⚖ 判断分析

1. 下列哪些武器是国际法明确禁止使用的？毒气、核武器、杀伤人员的地雷、可遥控爆炸装置。【毒气、核武器、杀伤人员的地雷已被明确禁止，可遥控爆炸装置并未明确禁止。注意禁止使用核武器规则约束不了持续反对者。】

2. 使用联合国或非交战国的记号、标志或制服而假装享有被保护的地位属于背信弃义的作战手段。该说法是否正确？【正确。伪装成非交战国属于背信弃义。】

3. 使用交战对方的标志或制服而假装享有被保护地位属于背信弃义的作战手段。该说法是否正确？【错误。属于诈术。】

4. 战俘应保有其被俘时所享有的民事权利。该说法是否正确？【正确。战俘应保有其被俘时所享有的民事权利。】

5. 为使本国某地区免受对方军事攻击，可在该地区安置战俘。该说法是否正确？【错误。战方应将战俘拘留所设在比较安全的地带，无论何时都不得把战俘送往或拘留在战斗地带或炮火所及的地方，也不得为使某地点或某地区免受军事攻击而在这些地区安置战俘。】

6. 对被俘的军官和士兵给予不同的生活待遇并不违反国际法。该说法是否正确？【正确。对被俘的军官和士兵给予不同的生活待遇并不违反国际法。】

7. 战事结束后战胜国可依情形决定遣返或关押战俘。该说法是否正确？【错误。战后应立即遣返战俘，不得迟延。】

考点三、国际刑事法院

国际刑事法院是一个常设的国际刑事司法机构，常设于荷兰海牙，独立于联合国；其职责是惩罚战争罪犯，包括灭绝种族罪、战争罪、危害人类罪、侵略罪等几大类。国际刑事法院只能管辖2002年7月后发生的上述罪行，无溯及力。

国际刑事法院管辖权的依据：所涉一方或多方是缔约国；被告是缔约国国民；非缔约国的接受。满足任意一个条件即可。

⚖ 判断分析

1. 国际刑事法院属于国际法院下设法庭。该说法是否正确？【错误。国际刑事法院独立于联合国。】

2. 只要战争罪犯是在 2002 年 7 月后被捕，就可以交由国际刑事法院审判。该说法是否正确？【错误。国际刑事法院审判 2002 年 7 月之后发生的罪行。】

> 【第八章必背句】
> 1 战争的后果：
> 想赚钱：绝不可能。
> 条约：领土的继续有效，友好的废掉。
> 财产：只有极端情况才能没收——本国境内的交战国公产。
> 2 背信弃义——伪装第三方。
> 3 国际刑事法院惩罚战争罪犯，包括灭绝种族罪、战争罪、危害人类罪、侵略罪等几大类。
> 4 国际刑事法院只能管辖 2002 年 7 月后发生的罪行。

第二编　国际私法

国际私法体系

第一章　国际私法概述
第二章　冲突规范和准据法 ⎫ 基本制度概念
第三章　适用冲突规范的制度 ⎭

第四章★国际民商事关系的法律适用 ⎫ 唯一真神：法律适用 ⎭

第五章　国际民商事争议的解决 ⎫ 仲裁、判决
第六章　区际法律问题 ⎭

KEEP AWAKE

第一章 国际私法概述【国际私法概述 C】

国际私法调整的是国际民商事关系，即涉外民商事法律关系。所谓涉外是指主体、客体和内容方面含有一个或一个以上的涉外因素。

国际私法的渊源包括国际渊源和国内渊源。国际渊源主要包括国际条约和国际惯例。国内渊源主要包括国内立法、司法解释和国内判例。在中国，判例不是法律的渊源。

考点一、调整方法（了解即可）

（一）间接调整的方法

间接调整的方法是指在国内立法或国际条约中，规定某类国际民商事法律关系**受何种法律调整或支配**，不直接规定如何调整国际民商事法律关系当事人之间的实体权利与义务关系的一种方法，这种指明某种国际民商事法律关系应适用何种法律的规范被称为冲突规范。

间接调整方法是国际私法所特有的一种方法。

（二）直接调整的方法

直接调整的方法是指**制定统一实体规范**，直接规定当事人的权利与义务。直接调整的方法可以更加准确地确定当事人的权利与义务，可以避免法律冲突。

> **PlanB：**
> 间接调整——抽象的表明受哪国法调整。
> 直接调整——直接告诉你**具体规则**。

中国法
《民法典》第21条：不能辨认自己行为的成年人为无民事行为能力人，由其法定代理人代理实施民事法律行为。
八周岁以上的未成年人不能辨认自己行为的，适用前款规定。

美国法
《民权法案》第302条：在任何依本章采取的诉讼或程序中，合众国应该像个人一样承担诉讼费用，包括合理的律师费用。

德国法
《社会法》第36条规定：如果雇员在工作时打瞌睡，并从办公椅上跌下来摔伤了，可以记为工伤，因为这是工作过度疲劳导致的。

日本法
《劳动基准法》第36条，原则上劳动者一天工作8小时、一周工作40小时，且每周必须有一天休息。对违反法律的用工者，处以6个月以下有期徒刑或30万日元以下罚款的刑事处罚。

考点二、国际私法的主体（重要）

自然人、法人、国家、国际组织都有可能成为国际私法的主体。

1. 自然人经常居所地

自然人在涉外民事关系产生或者变更、终止时已经连续居住 1 年以上且作为其生活中心的地方，人民法院可以认定为涉外民事关系法律适用法规定的自然人的经常居所地，但就医、劳务派遣、公务等情形除外。

2. 法人国籍、住所、经常居所地的确定

国籍	登记设立地
住所	主要办事机构所在地
经常居所地	主营业地（若有多个营业所，以与纠纷最密切联系的营业所为准）

判断分析

1. 张某居住在深圳，2008 年 3 月被深圳某公司劳务派遣到马来西亚工作，2010 年 6 月回深圳，转而受雇于香港某公司，期间每周一到周五在香港上班，周五晚上回深圳与家人团聚。2012 年 1 月，张某离职到北京治病，2013 年 6 月回深圳，现居该地。依据《涉外民事关系法律适用法》（不考虑该法生效日期的因素）和司法解释，关于张某经常居所地的认定，请判断下列说法正误。

a. 2010 年 5 月，在马来西亚。【错误。所谓经常居所地，是指连续居住 1 年以上且作为其生活中心的地方，但就医、劳务派遣、公务等情形除外。2008 年张某被劳务派遣到马来西亚，属于例外情形，因此其经常居所地此时没有改变，依然是深圳。】

b. 2011 年 12 月，在香港。【错误。关于"生活中心"，注意必须是生活，即自然人以定居的意思而选择的居所，如果其仅具有工作的意思，那么工作不算生活，不叫经常居所地。张某仅在香港工作，生活在深圳，所以经常居所地应为深圳。】

c. 2013 年 4 月，在北京。【错误。自然人经常居所地有三个例外：就医、劳务派遣、公务等情形除外。北京为就医的地点，不是经常居住地，经常居所地还是深圳。】

d. 2008 年 3 月至今，一直在深圳。【正确。张某的经常居所地一直在深圳未曾变更。】

2. 寻欢公司在甲国登记注册，其主要办事机构也在甲国。后寻欢公司被乙国作乐公司全资收购，其办事机构随之迁往乙国。后因经营不善，乙国作乐公司又被中国启迪公司全资收购，但考虑到业务需要，寻欢公司的主要办事机构仍在乙国。关于寻欢公司的国籍，下列哪一选项是正确的？（单选）

A. 因寻欢公司在甲国登记注册，其国籍始终是甲国
B. 因寻欢公司的主要办事机构在乙国，其国籍应为乙国
C. 因寻欢公司已被中国启迪公司收购，故其国籍应为中国
D. 寻欢公司的国籍应由收购协议约定

【考点】法人的国籍

【解析】法人国籍以其登记设立地来确定。寻欢公司在甲国登记注册，因此其国籍就是甲国。选项 A 正确，选项 B、C、D 错误。

综上，本题正确答案为选项 A。

【得分速记】

法人国籍以其登记设立地来确定。

【第一章必背句】

1 间接调整——抽象的表明受哪国法调整（方法——授人以渔）。

直接调整——直接告诉你具体规则（授人以鱼）。

2 经常居所地：连续居住1年以上且作为其生活中心的地方。但就医、劳务派遣、公务等情形除外。

3 法人的国籍，登记设立地。

第二章

冲突规范和准据法【冲突规范和准据法 E】

考点一、冲突规范

冲突规范是指明某种国际民商事法律关系应适用何国实体法来调整的法律规范。冲突规范是国际私法的特有法律规范，属于一种间接调整的规范，冲突规范实质就是法律适用规范。

注意：冲突规范 vs 管辖权规范

冲突规范解决的是法院受理案件后应当适用哪个国家的实体法作出判决的问题，而管辖权规范是解决法院能否受理案件的问题。

根据冲突规范规定的一个或几个系属及其指向适用法律的不同情况，可以把冲突规范分为四种类型。

> **PlanB:** 冲突规范——法律；管辖权规范——法院。

（一）单边冲突规范

单边冲突规范系指直接规定适用某国法律的规范。

《民法典》第 467 条第 2 款规定："在中华人民共和国境内履行的中外合资经营企业合同、中外合作经营企业合同、中外合作勘探开发自然资源合同，适用中华人民共和国法律。"

（二）双边冲突规范

双边冲突规范是指其系属含有一个抽象连结点，结合案情才能确定准据法的冲突规范。

《涉外民事关系法律适用法》第 36 条规定："不动产的所有权，适用不动产所在地法。"

（三）重叠适用的冲突规范

重叠适用的冲突规范就是其"系属"中"连结点"有两个或两个以上，且须同时适用才能确定准据法的冲突规范。

《涉外民事关系法律适用法》第 28 条规定："收养的条件和手续，适用收养人和被收养人经常居所地法律……"

（四）选择适用的冲突规范

选择适用的冲突规范就是其"系属"中"连结点"有两个或两个以上，只需选择其中之一就能确定准据法的冲突规范。

依据有条件适用或无条件适用，选择适用的冲突规范可以分为两类：

1. 无条件选择适用的冲突规范，是指在"系属"中所含有的两个或两个以上的连结点中，法院可以任意地或无条件地选择其中一个来调整有关民商事法律关系的冲突规范。

2. 有条件选择适用的冲突规范，是指其"系属"中的"连结点"有两个或两个以上，但不允许任意选择，只能依顺序或有条件地选择其中一个来调整有关涉外民商事法律关系的冲突规范。

注意：

（1）单边和双边冲突规范都只有一个连结点，只是单边冲突规范明示了国别，双边冲突规范没有明示国别。

（2）重叠和选择冲突规范都有两个以上连接点，重叠冲突规范的连接点是并列的，选择冲突规范的连接点是选择的。

> **PlanB：**
> 单边——一个有国家的法。
> 双边——一个无国家的法。
> 重叠——"和"。
> 选择——"或"。

考点二、准据法

准据法是指经冲突规范指定援用来具体确定民商事法律关系当事人权利与义务的特定的实体法。

例如：合同缔结地法之中的合同缔结地，可能因为不同情况合同缔结地不同，如果缔结地在中国，那么中国的实体法就是准据法，如果缔结地在美国，那么美国的实体法就是准据法。

我国是以"最密切联系原则"解决存在区际法律冲突时准据法的确定问题。

我国《涉外民事关系法律适用法》第6条规定："涉外民事关系适用外国法律，该国不同区域实施不同法律的，适用与该涉外民事关系有最密切联系区域的法律。"

> **PlanB：**
> 冲突规范——方法，指引你该用**哪国法**。
> 准据法——作为依准的**实体法**。

⚖ 判断分析

1. 不动产纠纷由不动产所在地法院管辖是冲突规范。该说法是否正确？【错误。由不动产所在地法院管辖是管辖权规范。】

2. 侵权适用侵权行为地法属于重叠适用冲突规范。该说法是否正确？【错误。属于双边冲突规范。】

3. 准据法是经冲突规范指引、能够具体确定国际民事法律关系当事人权利义务的实体法。【正确。此为准据法的基本概念。】

4.《涉外民事关系法律适用法》规定：结婚条件，适用当事人共同经常居所地法律；没有共同经常居所地的，适用共同国籍国法律；没有共同国籍，在一方当事人经常居所地或者国籍国缔结婚姻的，适用婚姻缔结地法律。该规定属于无条件选择适用的冲突规范。【错误。本题当中有多个可供选择的法律，肯定不是单边双边，其次法律适用有先后顺序，因此属于有条件选择适用的冲突规范。】

【第二章必背句】
1 冲突规范——法律；管辖权规范——法院。
2 冲突规范类型：
单边——一个有国家的法。
双边——一个无国家的法。
重叠——"和"。
选择——"或"。
3 冲突规范——一种办法，指引你该用哪国法（间接调整）。
准据法——作为依准的实体法（直接调整）。

第三章 适用冲突规范的制度

考点一、定性与反致【定性和反致 C】

（一）定性

定性（识别）是指法院对案件性质认定的过程，而不是对案件事实认定的过程。

《涉外民事关系法律适用法》第 8 条规定："涉外民事关系的定性，适用法院地法律。"

关于定性，我国采用的是"法院地法识别说"，即适用法院地法来确定案件的性质。

《涉外民事关系法律适用法》司法解释（一）第 11 条规定："案件涉及两个或者两个以上的涉外民事关系时，人民法院应当分别确定应当适用的法律。"如果案件涉及两个或两个以上的涉外民事关系，法院应当分别确定应当适用的法律，也即在我国司法实践之中，采用识别分割制。

（二）反致

广义的反致是指法院地国在根据本国冲突规范适用外国法的过程中，接受了该外国法冲突规范的指定，适用本国实体法或第三国实体法的制度。广义的反致包括直接反致、间接反致、转致等，狭义的反致只包括直接反致。

直接反致又称"一级反致"或"反致"，指法院审理某一涉外民事案件时，按照本国冲突规范应适用某一外国法，而该外国法中的冲突规范和指定此案件应适用法院地国的实体法，法院据此适用了本国的实体法。

间接反致又称"大反致"，指对于某涉外民事案件，依法院地国冲突规范的规定，应当适用某外国法，而依据该外国冲突规范的规定，应适用第三国法律。但是，依第三国冲突规范规定，却又应适用法院地法。最后，法院地国适用了其内国实体法，这种法律适用过程叫间接反致。诸如对某一案件，甲国或甲地区的法院根据本国或本地区的冲突规范指定应适用乙国或乙地区的法律，但依乙国或乙地区的冲突规范的指定应适用丙国或丙地区的法律，而依丙国或丙地区的冲突规范的指定却应适用甲国或甲地区的法律，结果甲国或甲地区的法院适用了自己的实体法，此即为间接反致。

转致又称"二级反致"，是指对于某一涉外民事案件，依法院地国冲突的规定，应当适用某外国法，而依该外国冲突规范的规定，须适用第三国法，如果法院地国最终适用了该第三国的实体法，这种适用法律的过程就叫做转致。诸如对某一涉外民事关系，甲国法院根据本国的冲突规范应适用乙国的法律，根据乙国的冲突规范应适用丙国的法律，如果甲国法院根据乙国冲突规范的指定适用了丙国的实体法审理案件，则构成转致。

我国《涉外民事关系法律适用法》第 9 条规定："涉外民事关系适用的外国法律，不包括该国的法律适用法。"

第三章 适用冲突规范的制度

注意：我国司法实践中禁止反致与转致。当法院受理一起涉外民商事案件，根据我国冲突规范应适用某一外国法时，应直接适用该外国的相关实体法。

直接反致：

甲国 ⇌ 乙国

间接反致：

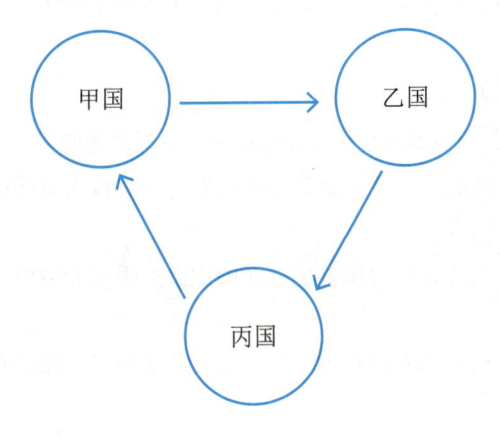

甲国 → 乙国 → 丙国 → 甲国

转致：

甲国 → 乙国 → 丙国

判断分析

墨西哥人约翰在我国某法院涉诉，其纠纷依据我国冲突规范适用墨西哥法，依据墨西哥法应当适用中国法，根据我国《涉外民事关系法律适用法》，该纠纷应适用墨西哥实体法。（正确。墨西哥人约翰在我国某法院涉诉，其纠纷依据我国冲突规范适用墨西哥法，就应当适用墨西哥法，不再适用其他的法律适用。）

考点二、▲外国法的查明【外国法的查明 A】

查明主体	（1）当事人选的，**当事人**查明 （2）不是当事人选的，**审案机关**查明，诸如法院、仲裁机构、行政机关等 **PlanB：谁选谁查**。
无法查明 的认定	（1）应当由当事人查明，当事人在指定**期限**无正当理由未提供（**超期**） （2）应当由审案机关查明，用尽各种可能的**途径**无法查明或该国法律没有规定（**用尽全力**）
无法查明 的后果	（1）适用**中国法** （2）法院**无义务补充**查明

无法查明的后果	**PlanB:** 查不到硬性适用中国法。 当事人查 公机关查 } 查不到硬性适用中国法
查明的处理方式	（1）当事人对外国法律的内容及其理解与适用均无异议的——法院可以予以确认 （2）当事人对外国法律的内容及其理解与适用有异议的——当事人应当说明理由，法院认为有必要的，可以补充查明或者要求当事人补充提供材料。经过补充查明或者补充提供材料，当事人仍有异议的，由人民法院审查认定 （3）外国法律的内容已为人民法院生效裁判所认定的——法院应当予以确认（有相反证据足以推翻的除外）
其他问题	（1）裁判文书必须记载查明外国法律的过程 （2）查明费用，当事人有约定的从其约定；没有约定的，人民法院确定合理费用的负担 （3）查明的外国法律的相关材料均应当在法庭上出示，法院应当听取各方当事人对外国法律的内容及其理解与适用的意见 （4）法院可以召集庭前会议或者以其他适当方式；提供外国法律的法律查明服务机构或者法律专家可以出庭接受询问 （5）法律查明服务机构或者法律专家现场出庭确有困难的，可以在线接受询问，除非有禁止性规定

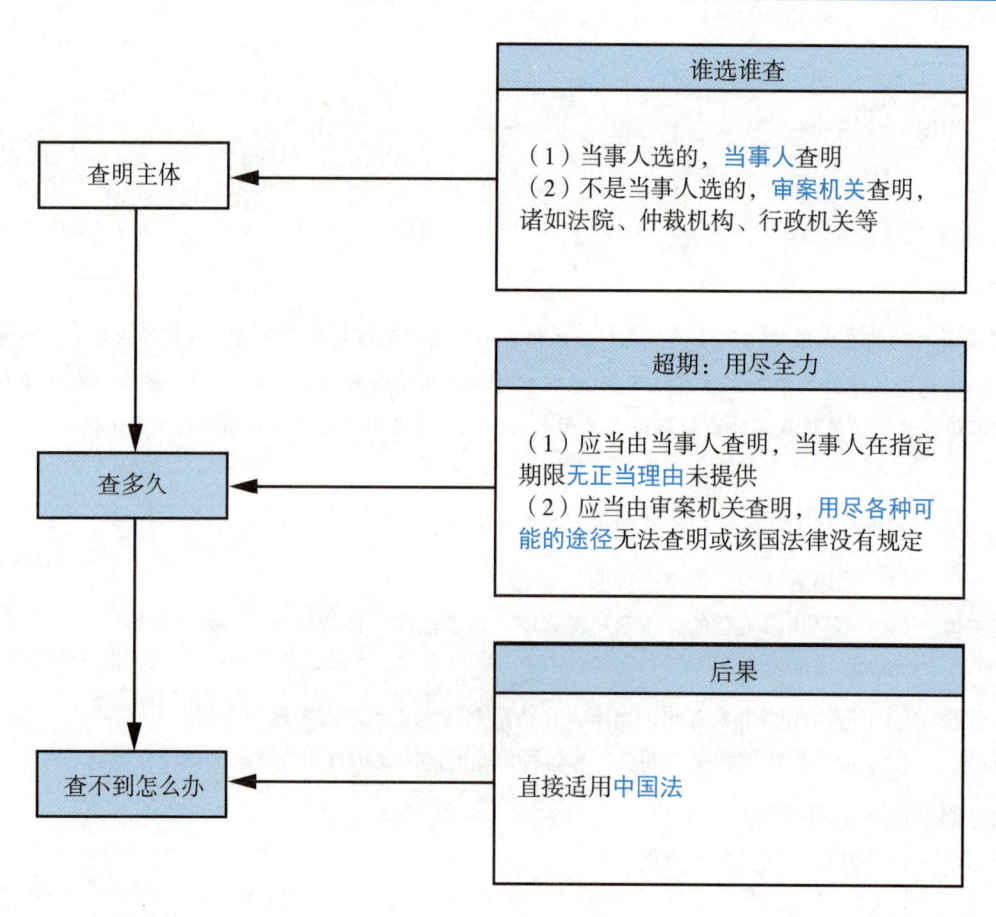

查明主体 ← **谁选谁查**
（1）当事人选的，当事人查明
（2）不是当事人选的，审案机关查明，诸如法院、仲裁机构、行政机关等

查多久 ← **超期：用尽全力**
（1）应当由当事人查明，当事人在指定期限无正当理由未提供
（2）应当由审案机关查明，用尽各种可能的途径无法查明或该国法律没有规定

查不到怎么办 ← **后果**
直接适用中国法

> **PlanB:** 外国法的查明——谁选谁查，查不到硬性适用中国法。

⚖️ 判断分析

1. 法院、仲裁机构或行政机关都可能承担查明外国法的义务。该说法是否正确？【正确。不是当事人选的，审案机关查明。】

2. 无法通过中国对外签订的条约途径获得外国法律的，法院应认定为不能查明。该说法是否正确？【错误。应当用尽各种途径。】

3. 外国法应由当事人查明，当事人在法院指定的合理期限内无正当理由未提供的，法院应承担补充查明的义务。该说法是否正确？【错误。法院不承担补充查明的义务。】

4. 某涉外合同纠纷案件审判中，中国法院确定应当适用甲国法律。关于甲国法的查明和适用，请判断下列说法正误：

a. 当事人选择适用甲国法律的，法院应当协助当事人查明该国法律。【错误。外国法的查明当事人选的，当事人查明，不是当事人选的，审案机关查明，诸如法院、仲裁机构、行政机关等。】

b. 该案适用的甲国法包括该国的法律适用法。【错误。涉外民事关系适用的外国法律，不包括该国的法律适用法。】

c. 不能查明甲国法的，适用中华人民共和国法律。【正确。无法查明的后果不是驳回诉讼请求，而是直接适用中国法。】

考点三、公共秩序保留【公共秩序保留 E】

"公共秩序保留"是指法院地国根据本国的冲突规范应当适用外国法时，如果外国法的适用或外国法的适用结果将违反法院地国的公共秩序时，限制或排除该外国法适用的制度。"公共秩序"在英美法系国家被称为"公共政策"，在我国被称为社会公共利益。如果外国法的适用将违反法院地国的公共秩序，法院有权限制或排除该外国法的适用。在我国，如果外国法被公共秩序保留排除，法院应适用中国法律。

⚖️ 判断分析

外国法律的适用将损害中方当事人利益的，适用中国法。该说法是否正确？【错误。是损害公共利益。】

考点四、法律规避和直接适用的法【法律规避和直接适用的法 C】

（一）法律规避

国际私法中的法律规避又称"法律欺诈"，是指国际民商事法律关系的当事人故意制造某种连接点以避开本应适用的对其不利的法律，从而使对自己有利的法律得以适用的一种行为。法律规避不发生适用外国法律的效力。

法律规避有四个构成要件：

（1）从主观上讲，当事人规避某法律必须是当事人故意；

（2）从规避对象上讲，当事人规避的法律是本应适用的法律；
（3）从行为方式上讲，当事人是通过人为的制造或改变一个或几个连接点因素来实现法律规避的；
（4）从客观结果上讲，当事人规避行为已经完成。

判断分析

1. 当事人规避中国法律强制性规定的，法院应当驳回当事人的起诉。该说法是否正确？【错误。应当直接适用中国法审理。】

2. 当事人在合同关系中故意规避中国法律强制性规定的行为无效，该合同应适用中国法。该说法是否正确？【正确。法律规避不发生适用外国法律的效力。】

（二）直接适用的法

中华人民共和国法律对涉外民事关系有强制性规定的，直接适用该强制性规定。

★强制性规定：
（1）涉及劳动者权益保护的；
（2）涉及食品或公共卫生安全的；
（3）涉及环境安全的；
（4）涉及外汇管制等金融安全的；
（5）涉及反垄断、反倾销的；
（6）应当认定为强制性规定的其他情形。

判断分析

1. 涉外纠纷中某一争点涉及中国卫生安全问题，法院应直接适用中国法解决该争点。该说法是否正确？【正确。涉及食品或公共卫生安全的应直接适用中国法。】

2. 涉外劳动合同纠纷中，对涉及劳动者权益保护问题，应直接适用中国的强制性规定解决。该说法是否正确？【正确。对涉及劳动者权益保护问题，应直接适用中国法。】

3. 中国甲公司与德国乙公司进行一项商事交易，约定适用英国法律。后双方发生争议，甲公司在中国法院提起诉讼。关于该案的法律适用问题，下列哪一选项是错误的？（单选）

A. 如案件涉及食品安全问题，该问题应适用中国法

B. 如案件涉及外汇管制问题，该问题应适用中国法

C. 应直接适用的法律限于民事性质的实体法

D. 法院在确定应当直接适用的中国法律时，无需再通过冲突规范的指引

【考点】法律适用

【解析】"一保两反三安全，直接适用中国法"。一保：劳动者权益保护；两反：反垄断、反倾销；三安全：食品、环境和金融。食品安全问题直接适用中国法，选项A正确，不应当选。

外汇等金融安全，直接适用中国法，所以B项符合法律规定，不应当选。

"直接适用的法"既包括法律，也包括行政法规，所以C项错误，应当选。

直接适用顾名思义，直接就可以适用无需其他要件，不需要冲突规范的指引，也不能通过当事人的约定进行排除。所以D项正确，不应当选。

综上，本题正确答案为选项 C。

【得分速记】

关于直接适用中国法：一保两反三安全，直接适用中国法。

注意：这里的法是宽泛理解，既包括一般的法律，也包括行政法规。

4. 沙特某公司在华招聘一名中国籍雇员张某。为规避中国法律关于劳动者权益保护的强制性规定，劳动合同约定排他性地适用菲律宾法。后因劳动合同产生纠纷，张某向中国法院提起诉讼。关于该劳动合同的法律适用，下列哪一选项是正确的？（单选）

A. 适用沙特法

B. 因涉及劳动者权益保护，直接适用中国的强制性规定

C. 在沙特法、中国法与菲律宾法中选择适用对张某最有利的法律

D. 适用菲律宾法

【考点】法律规避

【解析】一保两反三安全，直接适用中国法。因为涉及劳动者权益保护，所以直接适用中国的法律规定。选项 B 正确，选项 ACD 错误。同时需要注意的是，关于法律规避，如果当事人为了不想承担不利后果故意进行法律规避，那么法律规避行为无效，应当适用不利于当事方的法律。

综上，本题正确答案为选项 B。

【得分速记】

一保两反三安全，直接适用中国法。区分是硬性适用中国法还是一般劳动合同很简单，看有没有"权益保护"几个字，如果是"劳动权益保护"，那么直接适用中国法，如果没有"权益保护"则按照一般的原则进行法律适用。

【第三章必背句】

1 定性，适用法院地法律。

2 涉外民事关系适用的外国法律，不包括该国的法律适用法。

3 外国法的查明——谁选谁查，查不到硬性适用中国法。

4 一保两反三安全，直接适用中国法。

第四章 国际民商事关系的法律适用

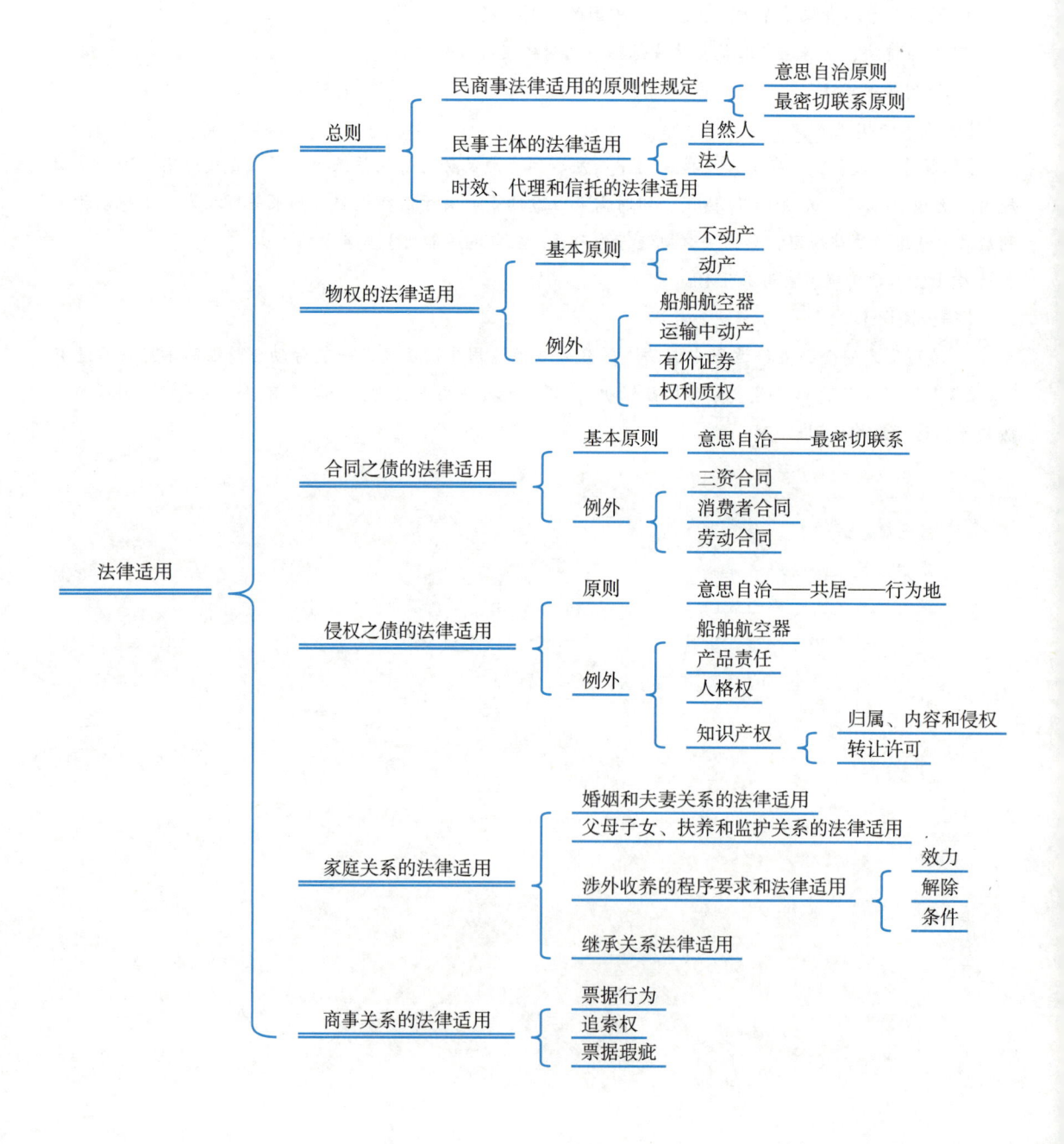

法律适用
- 总则
  - 民商事法律适用的原则性规定
    - 意思自治原则
    - 最密切联系原则
  - 民事主体的法律适用
    - 自然人
    - 法人
  - 时效、代理和信托的法律适用
- 物权的法律适用
  - 基本原则
    - 不动产
    - 动产
  - 例外
    - 船舶航空器
    - 运输中动产
    - 有价证券
    - 权利质权
- 合同之债的法律适用
  - 基本原则
    - 意思自治——最密切联系
  - 例外
    - 三资合同
    - 消费者合同
    - 劳动合同
- 侵权之债的法律适用
  - 原则
    - 意思自治——共居——行为地
  - 例外
    - 船舶航空器
    - 产品责任
    - 人格权
    - 知识产权
      - 归属、内容和侵权
      - 转让许可
- 家庭关系的法律适用
  - 婚姻和夫妻关系的法律适用
  - 父母子女、扶养和监护关系的法律适用
  - 涉外收养的程序要求和法律适用
    - 效力
    - 解除
    - 条件
  - 继承关系法律适用
- 商事关系的法律适用
  - 票据行为
  - 追索权
  - 票据瑕疵

第一部分：总则篇

考点一、民商事法律适用的原则性规定【法律适用的一般原则 A】

（一）意思自治原则

1. 只有法律允许当事人意思自治的，当事人的法律选择才有效，且法律适用中的意思自治不受实际联系原则的限制（法律另有规定除外）。

> **PlanB:** 选法律——随便。

2. 当事人意思自治的最晚时间为一审法庭辩论终结前，各方当事人援引相同法律且未提出法律适用异议的，视为已经达成意思自治。

3. 国际条约可以成为当事人意思自治的对象，但不得损害中国的社会公共利益，且不违反我国法律的强制性规定，包括尚未对中国生效的国际条约。

（二）最密切联系原则

"最密切联系原则"是确定准据法的兜底性原则。

⚖ 判断分析

1. 当事人仅可在具有合同或侵权性质的涉外民事关系中选择法律。该说法是否正确？【错误。当事人可以在民商事性质的涉外民事关系中选择法律。】

2. 当事人选择的法律应与所争议的民事关系有实际联系。该说法是否正确？【错误。法律适用中的意思自治不受实际联系原则的限制。】

3. 在一审法庭辩论终结前，当事人有权协议选择或变更选择适用的法律。该说法是否正确？【正确。当事人意思自治的最晚时间为一审法庭辩论终结前。】

考点二、民事主体的法律适用【民事主体的法律适用 A】

	自然人	法人
基本原则	经常居所地法	登记地法
例外	（1）自然人从事民事活动，依照经常居所地法或本国法为无民事行为能力，依照行为地法律为有民事行为能力的，适用行为地法律 （2）票据债务人的行为能力，适用其本国法律（国籍国）	主营业地与登记地不一致的，可以适用主营业地法（经常居所地）或登记地法

> **PlanB:** 自然人——经常居所地，一个有能力一个无能力，认定有能力。
> 法人——登主。

判断分析

1. A 公司在甲国注册成立，股东多为乙国人，公司章程中明确主要办事机构在丙国，主营业地在丁国。现在中国法院审理涉及该公司股东权利义务的争议，请问依我国《涉外民事关系法律适用法》的规定，法院可以适用上述哪些国家法律？【甲国、丁国。因为甲国为公司登记地，丁国为公司主营业地。】

2. 韩国公民金某在新加坡注册成立一家公司，主营业地设在香港地区。依中国法律规定，该公司的股东权利义务适用中国内地法。【错误。股东的权利义务也属于法人的事项，适用法人的法律适用规定，即"登主"。主营业地设在香港地区，登记地在新加坡，因此该公司股东权利义务适用登记地新加坡法或者主营业地香港法。】

3. 经常居所地同在广州的越南公民阮某和莱索托公民祁某，去中国西北无人区探险时失踪。数年后两人亲属在广州某法院申请宣告死亡。关于本案的法律适用，应分别适用越南法和莱索托法。【错误。宣告失踪或者宣告死亡，适用自然人经常居所地法律。因为阮某与祁某的经常居所地都在广州，因此对于二人的宣告死亡应当适用经常居所地法即中国法。】

考点三、时效、代理和信托的法律适用【时效、代理与信托的法律适用 C】

时效	诉讼时效，适用相关涉外民事关系应当适用的法律 时效的准据法应当与其所属的基础民商事法律关系的准据法一致
代理	（1）委托代理关系中意思自治优先 （2）被代理人与代理人的民事关系（代理内部关系），适用代理关系发生地法 （3）代理行为效力之争（代理外部关系），适用代理行为地法
信托	意思自治优先，信托财产所在地法或者信托关系发生地法

PlanB：

时效——从主。

代理、信托——先协商后行为（信托多个财产地）。

判断分析

1. 甲国明星 A 在中国与 B 签订代理协议，委托 B 全权代理其在乙国的演艺合同事宜，委托代理协议没有选择适用法律，后 B 以 A 的名义在乙国与 C 公司签订了一份演出合同。A 还与 D 公司签订有一份信托协议，将 A 在丙国的所有广告收入归入一项用于某慈善项目的信托基金，信托的相关事宜由 D 公司全权处理，信托协议约定适用甲国法律。现各方发生争议诉至中国某法院。

a. A、B 之间的委托代理关系应适用甲国法。该说法是否正确？【错误。A、B 之间的委托代理协议没有选择适用法律，应适用代理关系发生地法即中国法。】

b. A、C 之间因代理行为效力产生的纠纷应适用乙国法。该说法是否正确？【错误。题目未表明 A、C 没有选择法律，因此首先应当考虑意思自治。】

c. A、D 之间关于信托协议的纠纷应适用甲国法。该说法是否正确？【正确。信托协议约定适用甲国法律，所以应适用甲国法。】

d. A、D 之间关于信托协议的纠纷应适用丙国法。该说法是否正确？【错误。信托协议约定适用甲国法律，所以应适用甲国法。】

2. 新加坡公民王颖与顺捷国际信托公司在北京签订协议，将其在中国的财产交由该公司管理，并指定受益人为其幼子李力。在管理信托财产的过程中，王颖与顺捷公司发生纠纷，并诉至某人民法院。关于该信托纠纷的法律适用，下列哪些选项是正确的？（多选）

A. 双方可协议选择适用瑞士法

B. 双方可协议选择适用新加坡法

C. 如双方未选择法律，法院应适用中国法

D. 如双方未选择法律，法院应在中国法与新加坡法中选择适用有利于保护李力利益的法律

【考点】代理和信托的法律适用

【解析】关于信托，意思自治优先，没有意思自治的适用信托财产所在地法或者信托关系发生地法。此处的协议没有范围限制，选项 A、B 正确。

信托财产所在地是中国，信托关系发生地也是中国，因此若当事人没有协议选择法律，法院应适用中国法。选项 C 正确，选项 D 错误。

综上，本题正确答案为选项 ABC。

【得分速记】

信托的法律适用：

意思自治优先，没有意思自治的适用信托财产所在地法或者信托关系发生地法。

3. 中国甲公司与英国乙公司签订一份商事合同，约定合同纠纷适用英国法。合同纠纷发生 4 年后，乙公司将甲公司诉至某人民法院。英国关于合同纠纷的诉讼时效为 6 年。关于本案的法律适用，下列哪些选项是正确的？（多选）

A. 本案的诉讼时效应适用中国法

B. 本案的实体问题应适用英国法

C. 本案的诉讼时效与实体问题均应适用英国法

D. 本案的诉讼时效应适用中国法，实体问题应适用英国法

【考点】诉讼时效的法律适用

【解析】"时效从主"：即诉讼时效适用相关涉外民事关系（主法律关系）应当适用的法律。本案约定合同纠纷适用英国法，合同允许意思自治，选择有效，因此时效也适用英国法。选项 B、C 正确，选项 A、D 错误。

综上，本题正确答案为选项 BC。

【得分速记】

"时效从主"：即诉讼时效适用相关涉外民事关系（主法律关系）应当适用的法律。

第二部分：物权篇

考点、物权的法律适用【物权的法律适用 A】

物权的法律适用		
基本原则	不动产：	不动产所在地法
	动产：	意思自治优先——法律事实发生时物之所在地法
	原则都是物之所在地，只是动产允许意思自治	
例外（因为它们的物之所在地一直变）	船舶	原则上适用旗国法 例外： （1）船舶优先权适用法院地法 （2）光船租赁以前或期间设立船舶抵押权的适用原登记国法
	民用航空器	原则：登记国法 例外：民用航空器优先权适用法院地法
	运输中动产	意思自治优先——运输目的地法
	有价证券	权利实现地法或者最密切联系地法
	权利质权	质权设立地法律

PlanB： 物权基本原则：

不动产——不动产所在地。

动产——意思自治；新物权获得地。

物权例外：

1 船舶航空器物权——基本原则找妈妈，但有两个例外：优先权法院地法，抵押原登记国法。

2 运输动产：意目地（谐音：义母）。

3 有价证券：现密地。

4 权利质权：设立地。

⚖ 判断分析

1. 甲国 A 公司一艘悬挂乙国旗的海船"天平号"，运送 B 公司的货物从丙国到中国，行经丁国领海遇难致使舱底渗漏，"天平号"在丁国港口由 C 船厂修好后继续航行抵达中国。现涉及该船的一些纠纷由中国某海事法院受理。

a. "天平号"船长船员因劳动报酬主张优先权的纠纷应适用甲国法。该说法是否正确？【错误。因为优先权用法院地法，应该用中国法。】

b. B 公司对其货物主张所有权的纠纷应适用丙国法。该说法是否正确？【错误。运输中动产物权应适用目的地法即中国法。】

c. 银行对"天平号"主张抵押权的纠纷应适用乙国法。该说法是否正确？【正确。抵押权应适用原登记国法即乙国法。】

2. 2014年1月，北京居民李某的一件珍贵首饰在家中失窃后被窃贼带至甲国。同年2月，甲国居民陈某在当地珠宝市场购得该首饰。2015年1月，在获悉陈某将该首饰带回北京拍卖的消息后，李某在北京某法院提起原物返还之诉。关于该首饰所有权的法律适用，下列哪一选项是正确的？（单选）

A．应适用中国法

B．应适用甲国法

C．如李某与陈某选择适用甲国法，不应支持

D．如李某与陈某无法就法律选择达成一致，应适用甲国法

【考点】物权适用的一般原则性规定

【解析】关于动产物权，意思自治优先，其次看获得地法（法律事实发生时物之所在地法）。陈某在甲国珠宝市场购得该首饰，获得地为甲国，如果没有意思自治，那么应该适用甲国法。选项A、B、C说法错误，选项D说法正确。

综上，本题正确答案为选项D。

【得分速记】

动产物权的法律适用：

意思自治优先——物之获得地法（法律事实发生时物之所在地法）。

3. 经常居所地在深圳的德国公民托马斯家中失窃丢失一幅世界名画，该画后被中国公民李伟在韩国艺术品市场购得。托马斯得知何伟将画带回中国并委托某拍卖公司在深圳拍卖，现托马斯欲在中国法院通过诉讼要回该画的所有权。关于该案，下列正确的是？（单选）

A．托马斯的诉讼权利能力应适用德国法来判断

B．该案件的准据法应当在与案件有实际联系的德国法、中国法以及韩国法中进行选择

C．当双方当事人不能就准据法的选择达成一致时，应适用韩国法

D．当双方当事人不能就准据法的选择达成一致时，应适用法院地中国法

【考点】动产的法律适用

【解析】自然人的民事行为能力，适用经常居所地法律。自然人从事民事活动，依照经常居所地法律为无民事行为能力，依照行为地法律为有民事行为能力的，适用行为地法律，但涉及婚姻家庭、继承的除外。托马斯经常居住地在中国，所以其诉讼行为能力应该适用中国法。选项A错误。

关于动产物权的法律适用，当事人可以协议选择动产物权适用的法律。当事人没有选择的，适用法律事实发生时动产所在地法律。注意，这里的意思自治没有范围限制，可以突破实际联系原则的限制。选项B错误。

根据上述分析，当事人无法达成意思一致时，应该适用获得地法，即法律事实发生时动产所在地法律。因为在"韩国艺术品市场购得"，所以韩国法即为法律事实发生时动产所在地法律。所以选项C正确，选项D错误。

综上，本题正确答案为选项C。

【得分速记】

（1）动产物权的法律适用：意思自治优先——获得地法（法律事实发生时动产所在地法）。

（2）自然人的民事行为能力，适用经常居所地法律。一个有能力，一个无能力，默认有能力。

4. 甲国一马戏团带着动物明星胖胖来中国演出，因管理人员看管不力，胖胖逃脱被中国公民王某捕获，王某将胖胖卖给甲国公民琳达。现甲国马戏团在中国某法院起诉，要求琳达归还胖胖。根据我国《法律适用法》，我国法院应如何认定本案动产物权的法律适用？（单选）

A. 若当事双方协议选择乙国法，法院应适用乙国法
B. 应当适用双方共同国籍国的甲国法
C. 应当适用中国法或甲国法
D. 因为胖胖逃脱和买卖的行为都发生在中国，故应适用中国法

【考点】动产物权的法律适用

【解析】《法律适用法》第37条规定："当事人可以协议选择动产物权适用的法律。当事人没有选择的，适用法律事实发生时动产所在地法律。"具体到本题，首先双方可以选择意思自治，达不成意思自治的则适用法律事实发生时即中国法。因此选项A正确，选项B、C、D错误。

综上，本题正确答案为选项A。

【得分速记】

动产物权的法律适用：意思自治——法律事实发生时动产所在地法律。

第三部分：合同篇

考点、合同的法律适用【合同之债的法律适用 A】

合同的法律适用	
基本原则	意思自治——最密切联系原则
例外	1. 三资合同 在中国境内履行的中外合资企业合同、中外合作企业合同和中外合作勘探开发自然资源合同，适用中国法律 2. 消费者合同 （1）由消费者选择，且只能选择商品、服务提供地法 （2）消费者无选择，看经营者在消费者经常居所地有没有从事相关经营活动： ①有经营，适用消费者经常居所地法 ②无经营，适用商品、服务提供地法 3. 劳动合同 （1）劳动聘用合同 ①能确定劳动者工作地的，劳动者工作地法 ②不能确定劳动者工作地的，适用用人单位主营业地法 （2）劳务派遣合同 ①能确定劳动者工作地的，劳动者工作地法或劳务派出地法 ②不能确定劳动者工作地的，用人单位主营业地法或劳务派出地法

> **PlanB：合同基本原则**：先协商，后密切。
>
> 三个例外合同：
>
> 在中国境内履行的三资合同——硬性适用中国法；
>
> 消费者合同——扶弱且公平；
>
> 劳动合同——先找工作地，没有再找Boss，派遣多个派出地。

判断分析

1. 中外合资企业合同纠纷只能适用中国法解决。该说法是否正确?【错误。大前提必须是在中国境内履行的中外合资企业合同、中外合作企业合同和中外合作勘探开发自然资源合同。】

2. 消费者合同中双方合意选择的法律是有效的。该说法是否正确?【错误。不是双方合意,而是消费者选择。】

3. 为了保护消费者利益,消费者合同中消费者可以选择任何对其有利的法律。该说法是否正确?【错误。只能选择商品、服务提供地法。】

4. 若经营者在消费者经常居所地没有从事过相关经营活动,消费者合同应适用商品、服务提供地法。该说法是否正确?【正确。若经营者在消费者经常居所地没有从事过相关经营活动,消费者合同应适用商品、服务提供地法。】

5. 甲国公民大卫被乙国某公司雇佣,该公司主营业地在丙国,大卫工作内容为巡回于东亚地区进行产品售后服务,后双方因劳动合同纠纷诉诸中国某法院。该纠纷应适用中国法。【错误。关于劳动合同的法律适用,巧计口诀"先找工作地,没有工作地再找老板"。即劳动合同,适用劳动者工作地法律;难以确定劳动者工作地的,适用用人单位主营业地法律。劳务派遣,可以适用劳务派出地法律。本题中大卫的工作地难以确认,东南亚并不是一个具体国家,因此只能进行第二步找老板,即用人单位主营业地法律丙国法。】

第四部分:侵权篇

考点、侵权的法律适用【侵权之债的法律适用 A】【知识产权的法律适用 A】

	侵权的法律适用
基本原则	按顺序适用: (1)意思自治优先 (2)适用共同经常居所地法(当事人有共同经常居所地) (3)侵权行为地法
例外★	(1)船舶和民用航空器侵权 ①船旗国法:同一国籍的船舶碰撞 ②侵权行为地法: A. 不同国籍船舶碰撞于内水或领海 B. 民用航空器对地面、内水或领海水面第三人侵权 ③法院地法: A. 不同国籍船舶碰撞于公海 B. 民用航空器在毗连区、专属经济区、公海上空对水面第三人侵权 C. 海事赔偿责任限制

侵权的法律适用		
例外★	（2）产品责任 ①被侵权人可选择法律，但只能选择侵权人主营业地法或损害发生地法 ②被侵权人无选择，看侵权人在被侵权人经常居所地有没有从事相关经营活动： A. 无经营，适用侵权人主营业地法或损害发生地法； B. 有经营，适用被侵权人经常居所地法。	
	（3）侵害人格权：被侵权人经常居所地法	
	（4）知识产权：意思自治（只能选择法院地法）优先——被请求保护地法 知识产权的法律适用：	
	转让或许可	适用合同之债法律适用的一般规定：先协商后密切
	归属和内容	被请求保护地法
	知识产权侵权	意思自治（只能选择法院地法）优先——被请求保护地法

PlanB：
侵权基本原则：协商——共居——行为地。
侵权例外：
1 船舶航空器侵权：同一国籍找妈妈；不同国籍看撞哪儿了：领土行为地法，非领土法院地法。
2 产品责任——（同消费者合同）扶弱且公平。
3 人格权——（保护被害人）被侵权人经常居所地。
4 知产——转让许可看合同，其他全是被请地，侵权优先法院地。
（翻译：转让许可适用合同规定；其他全适用被请求保护地法，只是侵权优先选择法院地法）

⚖ 判断分析

1. 德国甲公司与中国乙公司签订许可使用合同，授权乙公司在英国使用甲公司在英国获批的某项专利。后因相关纠纷诉诸中国法院。
   a. 关于本案的定性，应适用中国法。该说法是否正确？【正确。定性用法院所在地法即中国法。】
   b. 关于专利权归属的争议，应适用德国法。该说法是否正确？【错误。归属用被请求保护地法即英国法。】
   c. 关于专利权内容的争议，应适用英国法。该说法是否正确？【正确。内容用被请求保护地法即英国法。】
   d. 关于专利权侵权的争议，双方可以协议选择法律，不能达成协议，应适用与纠纷有最密切联系的法律。该说法是否正确？【错误。不能协议的应当适用被请求保护地法。】

2. 甲国游客杰克于2015年6月在北京旅游时因过失导致北京居民孙某受重伤。现孙某在北京以杰克为被告提起侵权之诉。因侵权行为发生在中国，应直接适用中国法。【错误。侵权责任，适用侵权行为地法律，但当事人有共同经常居所地的，适用共同经常居所地法律。侵权行为发生后，当事人协议选择适用法律的，按照其协议。本案法律适用的第一顺序是意思自治，第二顺序是当事双方共同经常居所地法，双方无共同居所地，第三顺序是侵权行为发生地。因此本案首先应适用当事人选择的法律，没有选择应

适用侵权行为发生地法即中国法。】

3. 中国甲公司将其旗下的东方号货轮光船租赁给韩国乙公司，为便于使用，东方号的登记国由中国变更为巴拿马。现东方号与另一艘巴拿马籍货轮在某海域相撞，并被诉至中国某海事法院。

a. 如两船在公海碰撞，损害赔偿应适用《联合国海洋法公约》。【错误。《联合国海洋法公约》适用于不同国家之间的海洋争议，因为碰撞船舶有共同国籍国，直接适用国内法即可，不必用到《联合国海洋法公约》。】

b. 如两船在中国领海碰撞，损害赔偿应适用中国法。【错误。本案中碰撞的两艘船国籍相同，故适用国籍国法，即巴拿马的法律。】

c. 如经乙公司同意，甲公司在租赁期间将东方号抵押给韩国丙公司，该抵押权应适用中国法。【正确。船舶抵押权适用船旗国法律。船舶在光船租赁以前或者光船租赁期间，设立船舶抵押权的，适用原船舶登记国的法律。本题为光船租赁，应当适用原登记国中国法。】

4. 中国人王某在韩国旅游期间生病晕倒，在韩国出差的日本人桥本三郎将王某送入医院并垫付了医药费，王某伤好出院回国。桥本三郎向上海某法院起诉王某，要求其偿还医药费。已知王某和桥本三郎都定居上海，且双方都没有选择法律，法律解决本争端应适用日本法。【错误。不当得利、无因管理的法律适用和一般侵权的法律适用是一致的，即意思自治——共居——行为地。具体而言不当得利、无因管理适用当事人协议选择适用的法律。当事人没有选择的，适用当事人共同经常居所地法律；没有共同经常居所地的，适用不当得利、无因管理发生地法律。本题中双方没有协议，但王某和桥本三郎都定居上海，因此应当适用共同经常居所地法中国法。】

5. 中国人刘某与美国人汤姆的经常居住地均在新加坡，两人因情感问题产生纠纷。汤姆不时在互联网上发布不利于刘某的消息并擅自传播刘某的隐私照片，多次协商无果后刘某愤而在中国法院起诉汤姆侵犯其名誉权、肖像权。关于本案的法律适用，根据我国相关法律规定，下列哪些选项是正确的？（多选）

A. 本案的实体法律问题应适用新加坡法

B. 本案的诉讼时效应适用新加坡法

C. 刘某与汤姆可以协议选择适用中国法解决该纠纷

D. 判定汤姆是否具有民事行为能力应当适用新加坡法

【考点】人格权的法律适用

【解析】人格权的内容，适用权利人经常居所地法律，不能协议。而生命权、身体权、健康权、人身自由权、隐私权、名誉权、名称权、姓名权、肖像权等都属于人格权。因此本案侵权的实体问题应当适用被侵权人经常居所地法即新加坡法。选项A正确，选项C错误。

诉讼时效适用主法律关系所适用的法即新加坡法。选项B正确。

自然人的民事行为能力，适用经常居所地法律。自然人从事民事活动，依照经常居所地法律为无民事行为能力，依照行为地法律为有民事行为能力的，适用行为地法律，但涉及婚姻家庭、继承的除外。汤姆经常居住地在新加坡，所以其民事行为能力应该适用新加坡法。选项D正确。

综上，本题正确答案为选项ABD。

【得分速记】

人格权的侵权适用权利人经常居所地法。

第五部分：婚家篇

考点一、婚姻和夫妻关系的法律适用【婚姻关系的法律适用 A】

（一）结婚

结婚	程序要件	符合婚姻缔结地法、一方当事人经常居所地法或国籍国法的，均为有效（**满足一个即可**）
	实质要件	共同经常居所地法—共同国籍国法—婚姻缔结地法（**按顺序**）
	PlanB：	（结婚）婚姻问题经国行，手续无序三选一，条件有序三选一。

（二）离婚

离婚	协议离婚	意思自治，但只能选择一方经常居所地法或国籍国法—共同经常居所地法—共同国籍国法—办理离婚手续机构所在地法（**按顺序**）
	诉讼离婚	法院地法
	PlanB：	（离婚）诉讼离婚法院地；协议离婚先协议，协议不成经国行。

（三）夫妻关系

夫妻关系	人身关系	共同经常居所地法——共同国籍国法（**按顺序**）
	财产关系	一方经常居所地法、国籍国法或主要财产所在地法——共同经常居所地法——共同国籍国法（**按顺序**）
	PlanB：	（人身财产）人身财产找经国，财产经国财协议。

注意：

1. 关于顺序：结婚手续和意思自治的时候没顺序，其他都有顺序。

2. 关于共同经常居所地、共同国籍国与一方经常居所地、一方国籍国：有顺序要求的是共同，无顺序要求的是一方。

> **超级 PlanB：经国行。**

⚖️ 判断分析

1. 结婚手续必须符合婚姻缔结地法，该婚姻才能做有效认定。该说法是否正确？【错误。结婚手续符合**婚姻缔结地**法、一方当事人**经常居所地**法或者**国籍国**法的，均为有效。】

2. 结婚条件应适用法院地法。该说法是否正确？【错误。结婚条件应当按照下列顺序适用：共同**经常居所地**法——共同**国籍国**法——**婚姻缔结地**法（在一方当事人经常居所地或者国籍国缔结婚姻的）。】

3. 离婚协议合意选择的法律不受任何限制。该说法是否正确？【错误。离婚协议选择的法律只能选择一方经常居所地法或者国籍国法。】

4. 婚后妻子是否应改从其丈夫姓氏的问题，首先适用夫妻双方共同经常居所地法。该说法是否正

确？【正确。夫妻人身关系首先适用夫妻双方共同经常居所地法。】

5.夫妻双方是否应当同居的问题，应适用最密切联系地法。该说法是否正确？【错误。夫妻人身关系首先适用夫妻双方共同经常居所地法。】

6.婚姻存续期间夫妻双方取得的财产的处分问题，双方可选择适用主要财产所在地法。该说法是否正确？【正确。夫妻财产关系只能选择一方经常居所地法、国籍国法或主要财产所在地法。】

7.甲国公民玛丽与中国公民王某经常居住地均在中国，2人在乙国结婚。关于双方婚姻关系的法律适用，下列哪些选项是正确的？（多选）

A.结婚手续只能适用中国法
B.结婚手续符合甲国法、中国法和乙国法中的任何一个，即为有效
C.结婚条件应适用乙国法
D.结婚条件应适用中国法

【考点】涉外婚姻关系的法律适用

【解析】结婚手续，符合婚姻缔结地法律、一方当事人经常居所地法律或者国籍国法律的，均为有效。玛丽国籍国为甲国，王某国籍国为中国，双方经常居住地为中国，婚姻缔结地为乙国。因此，结婚手续可适用中国法、乙国法和甲国法。选项A错误，选项B正确。

结婚条件，即婚姻的实质要件，适用当事人共同经常居所地法律；没有共同经常居所地的，适用共同国籍国法律；没有共同国籍，在一方当事人经常居所地或者国籍国缔结婚姻的，适用婚姻缔结地法律。二人共同居住地为中国，因此共同经常居所地法律为中国法。选项C错误，选项D正确。

综上，本题正确答案为选项BD。

【得分速记】

1.结婚手续，符合婚姻缔结地法律、一方当事人经常居所地法律或者国籍国法律的，均为有效。

2.结婚条件，即婚姻的实质要件，适用当事人共同经常居所地法律；没有共同经常居所地的，适用共同国籍国法律；没有共同国籍，在一方当事人经常居所地或者国籍国缔结婚姻的，适用婚姻缔结地法律。

考点二、父母子女、扶养和监护关系的法律适用【父母子女、扶养、监护关系的法律适用 C】

父母子女关系	（按顺序适用）共同经常居所地法——方经常居所地法或国籍国法中有利于保护弱者利益的法律
扶养	一方当事人经常居所地法、国籍国法或者主要财产所在地法中有利于保护被扶养人权益的法律
监护	一方当事人经常居所地法或者国籍国法中有利于保护被监护人权益的法律

PlanB: 经国扶弱

父母子女先（共居），扶养（经国财）扶弱。

判断分析

1.父母子女财产关系应适用双方选择的法律。该说法是否正确？【错误。父母子女财产关系应先适

用共同经常居所地法。】

2.《涉外民事关系法律适用法》对父母子女人身关系和财产关系的法律适用进行了不同的规定。该说法是否正确？【错误。没有进行不同规定。】

3.《涉外民事关系法律适用法》在父母子女关系上倾向于适用保护弱者权益的法律。该说法是否正确？【正确。《涉外民事关系法律适用法》在父母子女关系上倾向于适用保护弱者权益的法律。】

4. 定居在上海的法国人甲和中国人乙女结婚，不孕，遂让乙女的堂妹丙（中国人，定居上海）代孕，生下一子丁交给甲乙抚养，丁取得了法国国籍。后乙死亡，甲与新加坡女子戊再婚，并一起带丁回法国定居，一年多以后，丙请求确认与丁的母子关系，甲戊不许，引发争议诉至人民法院。

a. 丙与丁的人身关系适用法国法。【错误。关于丙丁，其没有共同经常居所地，因此只能看第二步——一方当事人经常居所地法律或者国籍国法律中有利于保护弱者权益的法律，即法国或中国中有利于保护弱者权益的法律。因此丙丁的人身关系应当适用法国或中国中有利于保护弱者权益的法律。】

b. 戊与丁的母子关系适用中国法、新加坡法或者法国法中有利于保护弱方利益的法律。【错误。关于戊丁，其有共同经常居所地，因此直接适用共同经常居所地法，即法国法。因此戊丁的人身关系应当适用法国法。】

考点三、涉外收养的程序要求和法律适用【收养关系的法律适用 C】

程序	（1）外国人应通过外国收养组织向中国收养组织转交申请，并提供家庭情况报告和证明 （2）外国人应当亲自来华办理登记手续：夫妻共同收养的，应当共同来华办理收养手续；一方因故不能来华的，应当书面委托另一方 （3）外国人来华收养子女，应当与送养人订立书面收养协议
法律适用	（1）条件和手续：收养人和被收养人经常居所地法 （2）效力：收养时收养人经常居所地法（为了鼓励跨国收养） （3）解除：收养时被收养人经常居所地法律或者法院地法

PlanB： 条件手续双方地，有效无效收养地，解除法院被收地。

⚖️ 判断分析

1. 经常居住于英国的法国籍夫妇甲和乙，想来华共同收养某儿童。

a. 甲、乙必须共同来华办理收养手续。【错误。收养不是必须共同。依《外国人在中华人民共和国收养子女登记办法》第8条，夫妻共同收养的，应共同来华办理收养手续；一方因故不能来华的，应书面委托另一方。所以有例外情形。】

b. 甲、乙应与送养人订立书面收养协议。【正确。好歹是一条人命，外国人来华收养子女，应与送养人订立书面收养协议。】

c. 收养的条件应重叠适用中国法和法国法。【错误。收养是双方的事，所以收养的条件和手续应该看双方经常居所地的法，即收养人和被收养人经常居所地法律。收养人夫妇甲和乙的经常居住地为英国，因此应该适用中国法和英国法。】

d. 若发生收养效力纠纷，应适用中国法。【错误。为了鼓励收养，收养的效力适用收养时收养人经

常居所地法律。因为收养时收养人的经常居所地是英国,所以应该用英国法。】

2. 久居上海的德国籍夫妇洛克和玛丽去年赴云南收养了女孩小梅。小梅的亲生父母就收养关系向上海某法院起诉。

a.收养条件应适用德国法。【错误。涉外收养的条件和手续应当适用收养人和被收养人经常居所地法。久居上海的德国籍夫妇洛克和玛丽去年赴云南收养了女孩小梅,收养的条件和手续应当适用中国法。】

b.收养解除应适用中国法。【正确。收养的解除适用收养时被收养人经常居所地法律或者法院地法。久居上海的德国籍夫妇洛克和玛丽去年赴云南收养了女孩小梅。小梅的亲生父母就收养关系向上海某法院起诉,因此应当适用中国法。】

考点四、继承关系法律适用【继承关系的法律适用 A】

法定继承	（1）不动产继承适用**不动产所在地法** （2）动产继承适用被继承人**死亡时经常居所地法**
遗嘱	遗嘱方式：符合立遗嘱时或者死亡时**经常居所地法**、**国籍国法**或者遗嘱**行为地**法均可
	遗嘱效力：立遗嘱时或者死亡时**经常居所地法**或者**国籍国法**
遗产管理	**遗产所在地法**
绝产继承	被继承人死亡时**遗产所在地法**

> **PlanB:** 不动产看房在哪儿；
> 动产死者为大（死时经常居所地）。
> 遗嘱方式（经国行），遗嘱效力看（经国），遗产绝产（遗产地）。

⚖ 判断分析

1. 美国人汤姆与中国人李某婚后定居美国,不久汤姆即因病去世,汤姆死前未留遗嘱,其在美国留有房产一栋,在中国和美国的银行都有存款。李某就汤姆遗产的继承问题诉诸中国法院。依中国相关法律和司法解释,请问下列哪项说法是正确的?（多选）

A.汤姆在美国的房产继承问题应适用法院地法即中国法
B.汤姆在美国的房产继承问题应适用不动产所在地法即美国法
C.汤姆在中国银行的存款继承问题应适用法院地法即中国法
D.汤姆在美国银行的存款继承问题应适用美国法

【考点】涉外民商事关系法律适用；继承的法律适用
【解析】
依《涉外民事关系法律适用法》第31条,法定继承,适用被继承人死亡时经常居所地法律,但不动产法定继承,适用不动产所在地法律。汤姆在美国的房产继承问题应适用不动产所在地法即美国法。选项A错误,选项B正确。

汤姆的存款应适用其死亡时经常居所地法即美国法。选项C错误,选项D正确。

综上,本题正确答案为选项BD。

【得分速记】
法定继承，适用被继承人死亡时经常居所地法律，但不动产法定继承，适用不动产所在地法律。

2. 经常居所地在苏州的甲国公民亨利通过抖抖短视频留下遗嘱。现亨利遗产继承纠纷诉至中国某人民法院，依照中国相关法律规定，下列哪一选项是正确的？（单选）

A. 该遗嘱方式须符合中国法和甲国法，遗嘱才能成立

B. 如需适用甲国法解决本案纠纷，而双方当事人对甲国法内容有异议，人民法院应认定甲国法无法查明

C. 如亨利立遗嘱时，甲国已禁止本国人使用抖抖公司的短视频产品，则该遗嘱无效

D. 该遗嘱的效力应适用中国法或甲国法

【考点】遗嘱的法律适用

【解析】遗嘱方式，符合遗嘱人立遗嘱时或者死亡时经常居所地法律、国籍国法律或者遗嘱行为地法律的，遗嘱均为成立。因此选项A错误。

有异议由中国法院认定即可，不是直接认定无法查明。选项B错误。

遗嘱效力，适用遗嘱人立遗嘱时或者死亡时经常居所地法律或者国籍国法律。本题中，遗嘱人立遗嘱时或者死亡时经常居所地为中国，国籍为甲国，故应适用中国法或甲国法。选项C错误，选项D正确。

综上，本题正确答案为选项D。

【得分速记】

（1）遗嘱方式——经国行。

符合遗嘱人立遗嘱时或者死亡时经常居所地法律、国籍国法律或者遗嘱行为地法律的，遗嘱均为成立。

（2）遗嘱效力——经国。

适用遗嘱人立遗嘱时或者死亡时经常居所地法律或者国籍国法律。

第六部分：商事篇

考点、商事关系的法律适用【商事关系的法律适用C】

票据债务人行为能力	原则上适用当事人的**本国法** 但若依其本国法为无民事行为能力或限制行为能力，依行为地法为完全民事行为能力的，适用行为地法律
票据行为	原则上适用行为地法 例外：支票出票时的记载事项，经当事人协议也可以适用付款地法律
票据追索权行使期限	出票地法
持票人责任	付款地法
票据丧失时权利保全程序	付款地法

第四章　国际民商事关系的法律适用

> **PlanB:**
> （**基本原则**）票据行为行为地，支票出票可以付款地。
> （**两个例外**）票据瑕疵付款地，票据追索出票地。

判断分析

1. 汇票、本票出票时的记载事项，适用出票地法律。该说法是否正确？【正确。票据行为用<u>行为地</u>法。】

2. 支票出票时的记载事项，适用出票地法律，经当事人协议，也可以适用付款地法律。该说法是否正确？【正确。支票出票时的记载事项，适用<u>出票地</u>法律，经当事人协议，也可以适用<u>付款地</u>法律。】

3. 票据的背书、承兑、付款和保证行为，适用出票地法律。该说法是否正确？【错误。票据的背书用背书地法，承兑用承兑地法，付款用付款地法，保证用保证地法。】

4. 票据被拒付时，有关拒绝证明的方式和出具拒绝证明的期限，适用付款地法律。该说法是否正确？【正确。票据瑕疵用<u>付款地</u>法。】

5. 中国公民李某在柏林签发一张转账支票给德国甲公司用于支付货款，付款人为中国乙银行北京分行；甲公司在柏林将支票背书转让给中国丙公司，丙公司在北京向乙银行请求付款时被拒。关于该支票的法律适用，依中国法律规定，下列哪一选项是正确的？（单选）

A. 如李某依中国法为限制民事行为能力人，依德国法为完全民事行为能力人，应适用德国法

B. 甲公司对该支票的背书行为，应适用中国法

C. 丙公司向甲公司行使票据追索权的期限，应适用中国法

D. 如丙公司不慎将该支票丢失，其请求保全票据权利的程序，应适用德国法

【考点】票据关系的法律适用

【解析】依照法律规定，自然人从事民事活动，依照经常居所地法律为无民事行为能力，依照行为地法律为有民事行为能力的，适用行为地法律，但涉及婚姻家庭、继承的除外。本题中依据德国法李某是完全民事行为能力人，应当适用德国法。选项 A 正确。

票据的背书、承兑、付款和保证行为，适用行为地法律。行为地在德国，适用德国法。选项 B 错误。

票据追索权的行使期限，适用出票地法律。出票地是柏林，适用德国法。选项 C 错误。

票据丧失时，失票人请求保全票据权利的程序，适用付款地法律。选项 D 错误。

综上，本题正确答案为选项 A。

【得分速记】

关于票据：

（1）票据行为看行为地法。

（2）票据瑕疵用钱解决——付款地法。

（3）票据追索追到出票地，用出票地法。

6. 中国人李某在美国给德国人签发了一张支票，付款人为日本银行，并在韩国为该票据进行背书。关于该票据的有关事项，请问下列哪些说法是正确的？（多选）

A. 该票据出票时的记载事项，应当适用美国法

B. 该票据出票时的记载事项，应当适用日本法

C. 该票据的背书应当适用韩国法

D. 若该票据被拒付，有关拒绝证明的方式和出具拒绝证明的期限适用日本法

【考点】涉外民商事关系法律适用、商事关系的法律适用

【解析】

支票出票时的记载事项，适用出票地法律，经当事人协议，也可以适用付款地法律。故本案中票据的有关事项，可以适用出票地美国法，也可以适用付款地日本法。选项A错，选项B错误。

票据的背书用背书地法。因为票据在韩国进行背书，所以背书地为韩国。选项C正确。

票据被拒付时，有关拒绝证明的方式和出具拒绝证明的期限，适用付款地法律。选项D正确。

综上，本题正确答案为选项CD。

【得分速记】

票据被拒付时，有关拒绝证明的方式和出具拒绝证明的期限，适用付款地法律。

【第四章必背句】

1 自然人——经常居所地。一个有能力一个无能力，认定有能力。

法人——登主。

2 时效——从主。

代理、信托——先协商后行为（信托多个财产地）。

3 船舶航空器物权——基本原则找妈妈。

但有两个例外：优先权法院地法，抵押原登记国法。

4 船舶航空器侵权：同一国籍找妈妈，不同国籍看撞哪儿了：领土行为地，非领土法院地。

5 婚姻问题经国行，手续无序三选一，条件有序三选一。

诉讼离婚法院地，协议离婚先协议，协议不成经国行。

人身财产找经国，财产经国财协议。

6 票据：

（基本原则）票据行为行为地，支票出票可以付款地。

（两个例外）票据瑕疵付款地，票据追索出票地。

第五章 国际民商事争议的解决

第一节 仲裁篇：国际商事仲裁

考点一、涉外涉港澳台仲裁协议【国际商事仲裁机构与协议 B】

（一）认定机构

1. 仲裁机构和法院都有权认定。
2. 一方请求仲裁机构，另一方请求法院的，由法院裁定。

（二）申请时间

仲裁庭首次开庭前提出，如果是中国贸仲还要求书面形式的异议申请。

（三）适用法律

意思自治——仲裁机构所在地法或仲裁地法——中国法。

（四）我国对仲裁协议效力的认定

1. 当然无效的情形
（1）因主体、订立手段、约定内容不合法而无效。
（2）约定可仲裁也可起诉。
2. 可能无效的情形（能否达成补充协议）
（1）对仲裁事项没有约定或约定不明确。
（2）对仲裁机构没有约定或约定不明确。

PlanB：当然无效——违法；可能无效——不明确。

（五）法院认定无效的内部报告制度

1. 逐级上报至最高人民法院。
2. 在最高人民法院答复前，可暂不受理当事人的起诉。

注意：我国法律对仲裁机构约定是否明确的判断：
（1）视为明确约定了仲裁机构：
①仲裁机构名称不准确，但能够确定；②只约定了仲裁规则，但通过仲裁规则能够确定仲裁机构；③仅约定了仲裁地且该地只有一个仲裁机构。

（2）视为约定不明确，但可以补充协议：

①约定了两个以上仲裁机构；②只约定了仲裁规则，通过仲裁规则也不能确定仲裁机构；③仅约定了仲裁地但当地有两个以上仲裁机构。

注意：《最高人民法院关于人民法院处理与涉外仲裁及外国仲裁事项有关问题的通知》第一条规定："凡起诉到人民法院的涉外、涉港澳和涉台经济、海事海商纠纷案件，如果当事人在合同中订有仲裁条款或者事后达成仲裁协议，人民法院认为该仲裁条款或者仲裁协议无效、失效或者内容不明确无法执行的，在决定受理一方当事人起诉之前，必须报请本辖区所属高级人民法院进行审查；如果高级人民法院同意受理，应将其审查意见报最高人民法院。在最高人民法院未作答复前，可暂不予受理。"

判断分析

1. 只有人民法院有权认定仲裁协议的效力。该说法是否正确？【错误。仲裁机构和法院都有权认定。】

2. 如当事人对仲裁协议效力有争议，提请所选仲裁机构解决的，应在首次开庭前书面提出。该说法是否正确？【错误。口头也可以提出，如果是中国贸仲要求书面形式的异议申请。】

3. 对涉外仲裁协议效力的审查，应适用中国仲裁法。该说法是否正确？【错误。首先应当意思自治。】

4. 对涉外仲裁协议效力的审查，若当事双方没有选择法律，应适用仲裁机构所在地法。该说法是否正确？【错误。应适用仲裁机构所在地法或仲裁地法。】

5. 中国甲公司与乙国政府签订了一份国际工程承包合同，合同约定因本合同引发的任何纠纷应提交北京国际仲裁中心仲裁解决，合同适用瑞士法。后因履行过程产生分歧，甲公司向某人民法院申请确认仲裁协议有效，乙国政府则主张享有国家主权豁免，该人民法院无权管辖。依中国相关法律，请问下列哪项是正确的？（多选）

A. 仲裁协议应适用瑞士法

B. 中国坚持绝对豁免立场，该法院无权确认仲裁协议效力

C. 该法院有权审查仲裁协议效力

D. 双方当事人可协议选择仲裁协议适用的法律

【考点】相对豁免主义、涉外仲裁协议效力的法律适用

【解析】《最高人民法院关于审理仲裁司法审查案件若干问题的规定》第13条规定："当事人协议选择确认涉外仲裁协议效力适用的法律，应当作出明确的意思表示，仅约定合同适用的法律，不能作为确认合同中仲裁条款效力适用的法律。"合同只约定因履行合同产生的纠纷适用瑞士法，没有明确对涉外仲裁协议效力适用的法律作出选择。因此选项A错误。

我国采纳相对豁免主义制度。外国国家与包括中华人民共和国在内的其他国家的组织或者个人进行的商业活动，在中华人民共和国领域内发生，或者虽然发生在中华人民共和国领域外但在中华人民共和国领域内产生直接影响的，对于该商业活动引起的诉讼，该外国国家在中华人民共和国的法院不享有管辖豁免。选项B错误。

因涉外民事纠纷，对在中华人民共和国领域内没有住所的被告提起除身份关系以外的诉讼，如果合同签订地、合同履行地、诉讼标的物所在地、可供扣押财产所在地、侵权行为地、代表机构住所地位于中华人民共和国领域内的，可以由合同签订地、合同履行地、诉讼标的物所在地、可供扣押财产所在地、

侵权行为地、代表机构住所地人民法院管辖,本题中国法院具有管辖权。选项 C 正确。

涉外仲裁允许意思自治。当事人可以协议选择仲裁协议适用的法律。当事人没有选择的,适用仲裁机构所在地法律或者仲裁地法律。选项 D 正确。

综上,本题正确答案为选项 CD。

【得分速记】

涉外仲裁允许意思自治。

考点二、涉外仲裁中的财产保全和证据保全【涉外仲裁程序 E】

	财产保全	证据保全
受理法院	被申请人住所地或财产所在地的中院	证据所在地的中院
是否提供担保	应当提供,否则驳回申请	法院经审查认为无须提供担保的,申请人可不提供担保

判断分析

1. 涉外仲裁的当事人申请财产保全和证据保全,都应当提供担保,当事人不提供担保的,法院应裁定驳回申请。该说法是否正确?【错误。证据保全法院经审查认为无须提供担保的,申请人可不提供担保。】

2. 涉外仲裁的当事人申请证据保全的,人民法院经审查认为无须提供担保的,申请人可以不提供担保。该说法是否正确?【正确。证据保全符合条件可以不提供担保。】

考点三、《中国国际经济贸易仲裁委员会仲裁规则》【涉外仲裁程序 E】

(一)香港仲裁特别规定

1. 贸仲香港中心受理案件的依据:当事人约定争议提交贸仲香港中心仲裁或提交贸仲在香港仲裁。
2. 除非当事人另有约定,仲裁地为香港;仲裁程序适用香港仲裁法,仲裁裁决属于香港仲裁裁决。
3. 如果对仲裁协议或仲裁管辖权的异议,应不晚于第一次实体答辩前提出。

(二)多份合同的合并仲裁

应同时符合下列条件:主从合同、同一交易或同一系列交易、仲裁协议相同或相容。

(三)变更请求和追加当事人

申请时间	变更请求	组庭后
	追加当事人	组庭前或组庭后
有权决定的机构	变更请求	仲裁庭
	追加当事人	贸仲委

1. 对变更请求和追加当事人的申请,有权机构都是可以同意,而非应当同意。
2. 被追加当事人要求选定或委托仲裁委员会主任指定仲裁员的,双方当事人应重新选定或委托仲裁

委员会主任指定仲裁员。

📌 判断分析

1.除非当事人另有约定，贸仲香港仲裁中心管理案件的仲裁地为香港，仲裁程序适用法为香港仲裁法，仲裁裁决为香港裁决。该说法是否正确？【正确。除非当事人另有约定，贸仲香港仲裁中心管理案件的仲裁地为香港，仲裁程序适用法为香港仲裁法，仲裁裁决为香港裁决。】

2.向贸仲香港中心申请仲裁，一方当事人对仲裁协议有异议的，应当在仲裁庭首次开庭前提出。该说法是否正确？【错误。如果对仲裁协议或仲裁管辖权的异议，应不晚于第一次实体答辩前提出。】

3.若多份合同仲裁协议相同或相容，申请人即可就多份合同项下的争议在同一仲裁案件中合并提出仲裁申请。该说法是否正确？【错误。需要同时满足三个条件：主从合同、同一交易或同一系列交易、仲裁协议相同或相容。】

4.仲裁庭组庭前或组庭后，申请人和被申请人若申请追加当事人的，仲裁委员会应当作出追加决定。该说法是否正确？【错误。对变更请求和追加当事人的申请，有权机构都是可以同意，而非应当同意。】

考点四、承认与执行外国仲裁裁决【承认与执行外国仲裁裁决 C】

（一）对于中国仲裁裁决

1.国内仲裁裁决：有权撤销。
2.涉外仲裁裁决：有权撤销。

（二）对于外国仲裁裁决

1.我国法院无权撤销，只能拒绝承认和执行。
2.拒绝承认与执行外国仲裁裁决的法定事由，与涉外仲裁裁决的撤销理由相同。
3.如果外国仲裁裁决超出仲裁协议约定的范围，超出部分可拒绝承认与执行。但是，对未超出部分的裁决，仍可承认与执行。

外国仲裁裁决的承认与执行：

法律依据	1958年《承认及执行外国仲裁裁决公约》(《纽约公约》)
我国保留	（1）中国只承认在其他缔约国领土内作出的商事仲裁裁决（包括临时仲裁裁决） （2）国家间争端的仲裁裁决以及国家和私人间争端的仲裁裁决均不能依《纽约公约》获得承认与执行 注意：只能发生在私主体之间
申请人	当事人
受理法院	被执行人住所地或者其财产所在地的中院
申请期限	2年 （1）承认和执行的申请可以分开提出，也可以同时提出 （2）只申请承认的，法院仅审查并裁定应否承认 （3）只申请承认的，申请执行的2年期间自法院承认裁定生效之日起重新计算（中断）

程序	（1）当事人申请——2个月内裁定——裁定承认的，6个月内执行完毕 （2）裁定不承认的，报高院审查 （3）高院仍然裁定不承认的，报最高法审查

注意：
（1）对外国仲裁裁决无权撤销。
（2）原则上只能在当事人提出申请并满足法定条件（程序方面的条件）的情况下拒绝承认和执行。只有仲裁裁决的内容违反我国社会公共利益或者所争议事项不具有可仲裁性，法院才有权主动审查并裁定不予承认。

判断分析

1. 有关中国投资者与甲国政府间投资争端的仲裁裁决不适用《承认及执行外国仲裁裁决公约》。该说法是否正确？【正确。《承认及执行外国仲裁裁决公约》只能发生在私主体之间。】

2. 若申请人具有公约缔约国国籍，我国应对外国仲裁裁决的承认与执行适用《承认及执行外国仲裁裁决公约》。该说法是否正确？【错误。不是属人而是属地，中国只承认在其他缔约国领土内作出的商事仲裁裁决。】

3. H国星辉公司与中国A市的益华公司订立合同，约定合同纠纷由H国S市法院适用《中华人民共和国民事诉讼法》解决。后双方达成补充协议，约定合同纠纷除了可以向H国S市法院诉讼外，还可向中国A市仲裁委员会申请仲裁，但须适用H国国际仲裁中心规则，后双方发生合同纠纷，可由H国S市法院适用《中华人民共和国民事诉讼法》解决。【错误。涉外合同和财产权纠纷的管辖权简称沾边就管：因合同纠纷或者其他财产权益纠纷，对在中华人民共和国领域内没有住所的被告提起的诉讼，如果合同在中国领域内签订或者履行，或者诉讼标的物在中国领域内，或者被告在中国领域内有可供扣押的财产，或者被告在中国领域内设有代表机构，可以由合同签订地、合同履行地、诉讼标的物所在地、可供扣押财产所在地、侵权行为地或者代表机构住所地人民法院管辖。本案中约定H国S市法院管辖有效，但应当适用H国民事诉讼规则解决纠纷。】

第二节　诉讼篇：国际民事诉讼

考点一、外国人的民事诉讼法律地位【外国人在中国的民事诉讼地位C】

（一）司法豁免

我国《最高人民法院关于人民法院受理涉及特权与豁免的民事案件有关问题的通知》明确规定：
凡以下列在中国享有特权与豁免的主体为被告、第三人向人民法院起诉的民事案件，人民法院应在决定受理之前，报请本辖区高级人民法院审查；高级人民法院同意受理的，应当将其审查意见报最高人民法院，在最高人民法院答复前，一律暂不受理：

1. 外国国家。
2. 外国驻中国使馆和使馆人员。
3. 外国驻中国领馆和领馆成员。
4. 途经中国的外国驻第三国的外交代表和与其共同生活的配偶及未成年子女。

5. 途经中国的外国驻第三国的领事官员和与其共同生活的配偶及未成年子女。
6. 持有中国外交签证或者持有外交护照（仅限互免签证的国家）来中国的外国官员。
7. 持有中国外交签证或者持有与中国互免签证国家外交护照的领事官员。
8. 来中国访问的外国国家元首、政府首脑、外交部长及其他具有同等身份的官员。
9. 来中国参加联合国及其专门机构召开的国际会议的外国代表。
10. 临时来中国的联合国及其专门机构的官员和专家。
11. 联合国系统组织驻中国的代表机构和人员。
12. 其他在中国享有特权与豁免的主体。

（二）外国当事人的身份证明

1. 自然人

护照等身份证件，其提交的护照等身份证件不需要履行公证、认证等证明手续。

2. 企业或其他组织

（1）两份证明：企业或组织的身份证明；代表参与诉讼的人的身份证明。

（2）证明手续按照所在国与中国有无外交关系，可以分为下列三种：

①所在国与中国有外交关系的，所在国公证机构公证——中国驻该国使领馆认证；

②所在国与中国没有外交关系的，所在国公证机构公证——与中国有外交关系的第三国驻该国使领馆认证——中国驻该第三国使领馆认证；

③其他证明方式，看条约本身怎么约定。

（三）外国当事人委托诉讼代理人的限制

1. 如果委托律师在中国以律师身份参与诉讼，必须委托中国律师，外国律师可以非律师身份担任诉讼代理人。

2. 对于使领馆官员，应分情况讨论：

（1）若受托为诉讼代理人，只能以个人名义，在诉讼中不享有特权与豁免；

（2）为其本国国民在中国聘请律师或诉讼代理人，以外交代表身份，享有特权与豁免。

（四）对外国当事人出具的授权委托书的手续要求

法院法官的见证下	无须履行其他手续
中国境内	经中国公证机构公证
中国境外	（1）如果所在国与中国有外交关系： 所在国公证机构公证——中国驻该国使领馆认证 （2）如果所在国与中国没有外交关系： 所在国公证机构公证——与中国有外交关系的第三国驻该国使领馆认证——中国驻该第三国使领馆认证 （3）条约约定的其他证明方式

判断分析

1. 外国人参加诉讼，应当向人民法院提交护照等用以证明自己身份的证件。该说法是否正确？【正确。外国人参加诉讼，应当向人民法院提交护照等用以证明自己身份的证件。】

2. 若外国当事人所在国与中国没有建立外交关系，外国企业或组织的身份证明可以经该国公证机关公证，经与中国有外交关系的第三国驻该国使领馆认证，再转由中国驻该第三国使领馆认证。该说法是否正确？【正确。若没有建交则采取第三国转交的方式。】

3. 外国驻华使领馆官员，受本国公民的委托，可以以外交代表的名义担任诉讼代理人，并在诉讼中享有外交或者领事特权和豁免。该说法是否正确？【错误。若受托为诉讼代理人，只能以个人名义，在诉讼中不享有特权与豁免。】

4. 外国律师绝对不能在我国参与民事诉讼。该说法是否正确？【错误。外国律师可以非律师身份担任诉讼代理人。】

考点二、涉外民商事争议的管辖权【涉外民商事案件的管辖权 A】

（一）涉外合同和财产权益纠纷的管辖权

因涉外民事纠纷，对在中华人民共和国领域内没有住所的被告提起除身份关系以外的诉讼，如果合同签订地、合同履行地、诉讼标的物所在地、可供扣押财产所在地、侵权行为地、代表机构住所地位于中华人民共和国领域内的，可以由合同签订地、合同履行地、诉讼标的物所在地、可供扣押财产所在地、侵权行为地、代表机构住所地人民法院管辖。涉外民事纠纷与中华人民共和国存在其他适当联系的，可以由人民法院管辖。

PlanB：涉外民事，沾边就管。

（二）不方便法院原则

人民法院受理的涉外民事案件，被告提出管辖异议，且同时有下列情形的，可以裁定驳回起诉，告知原告向更为方便的外国法院提起诉讼：

（一）案件争议的基本事实不是发生在中华人民共和国领域内，人民法院审理案件和当事人参加诉讼均明显不方便；
（二）当事人之间不存在选择人民法院管辖的协议；
（三）案件不属于人民法院专属管辖；
（四）案件不涉及中华人民共和国主权、安全或者社会公共利益；
（五）外国法院审理案件更为方便。

裁定驳回起诉后，外国法院对纠纷拒绝行使管辖权，或者未采取必要措施审理案件，或者未在合理期限内审结，当事人又向人民法院起诉的，人民法院应当受理。

（三）专属管辖

专属管辖意味着同样选择诉讼方式解决争议时，该案件只能由某些法院管辖。但专属管辖的规定并不影响当事人通过达成有效的仲裁协议向仲裁机构提起仲裁。

下列民事案件，由人民法院专属管辖：

（1）因在中华人民共和国领域内设立的法人或者其他组织的设立、解散、清算，以及该法人或其他组织作出的决议的效力等纠纷提起的诉讼；

（2）因与在中华人民共和国领域内审查授予的知识产权的有效性有关的纠纷提起的诉讼；

（3）因在中华人民共和国领域内履行中外合资经营企业合同、中外合作经营企业合同、中外合作勘探开发自然资源合同发生纠纷提起的诉讼。

（四）平行诉讼和一事再诉

平行诉讼又称"双重起诉""诉讼竞合"，指相同当事人就同一争议基于相同事实以及相同目的同时在两个或两个以上国家的法院进行诉讼的现象。平行诉讼是被允许的，但要适用在先原则，避免在我国产生冲突性判决。

> **PlanB：**平行诉讼——谁先出【生效判决】听谁的。

管辖冲突协调机制。当事人订立排他性管辖协议选择外国法院管辖且不违反我国对专属管辖的规定，不涉及我国主权、安全或者公共利益的，人民法院可以裁定不予受理；已经受理的，裁定驳回起诉。需要注意的是，在满足前述两种情形时，人民法院不是"应当"，而是"可以"受理、不予受理或者驳回起诉。

一事再诉：

1. 已受理外国判决承认申请或已作出承认裁定，再诉不予受理。
2. 已裁定不予承认外国判决，无权再申请承认，但可以就同一案件事实向人民法院起诉。
3. 未申请承认外国判决，可就同一案件事实向人民法院起诉。

判断分析

1. 在涉外民事案件中，中国法院可能根据原告的住所地行使管辖权。该说法是否正确？【正确。合同纠纷或者其他财产权益纠纷沾边就管。】

2. 俄罗斯公民萨沙来华与中国公民韩某签订一份设备买卖合同。后因履约纠纷韩某将萨沙诉至中国某法院。经查，萨沙在中国境内没有可供扣押的财产，亦无居所；该套设备位于中国境内。

a. 关于本案，萨沙与韩某只能选择适用中国法或俄罗斯法。【错误。关于合同的意思自治，可以突破实际联系的限制。】

b. 关于本案中国法院没有管辖权。【错误。关于涉外财产纠纷，简单记忆口诀：沾边就管。即"因合同纠纷或者其他财产权益纠纷，对在中华人民共和国领域内没有住所的被告提起的诉讼，如果合同在中华人民共和国领域内签订或者履行，或者诉讼标的物在中华人民共和国领域内，或者被告在中华人民共和国领域内有可供扣押的财产，或者被告在中华人民共和国领域内设有代表机构，可以由合同签订地、合同履行地、诉讼标的物所在地、可供扣押财产所在地、侵权行为地或者代表机构住所地人民法院管辖。"本题是发生在中国的财产纠纷，中国法院有管辖权。】

3. 上海的谭某和浙江的温某在上海结婚，婚后谭某定居美国旧金山，温某定居中国上海。温某向上海某法院起诉离婚，谭某以美国旧金山法院已在3个月前受理其离婚诉讼，且自己已定居美国，主张中国法院无管辖权。根据我国《民事诉讼法》及其司法解释的相关规定，下列哪一选项是正确的？（单选）

A. 不管美国法院是否有管辖权，中国法院都有管辖权，且不受美国法院判决的影响

B. 中国法院有管辖权，但应致函美国法院要求其将案件资料移送中国法院

C. 中国法院应中止审理，根据美国法院审判结果再行决定

D. 中国法院无管辖权，应裁定不予受理

【考点】涉外离婚纠纷的管辖权

【解析】关于涉外离婚纠纷，我国《民诉法解释》明确规定："中国公民一方居住在国外，一方居住在国内，不论哪一方向人民法院提起离婚诉讼，国内一方住所地人民法院都有权管辖。国外一方在居住国法院起诉，国内一方向人民法院起诉的，受诉人民法院有权管辖。"选项 A 正确，选项 B、C、D 错误。

综上，本题正确答案为选项 A。

【得分速记】

对于我国法院也有管辖权的案件，当事人向国外法院提起诉讼，又向我国法院提起诉讼，不影响我国法院受理。

考点三、司法协助

（一）域外文书送达【域外文书送达 C】

1. 我国司法文书的境外送达

（1）国际条约途径。依照受送达人所在国与中华人民共和国缔结或者共同参加的国际条约中规定的方式送达。

（2）外交途径。只有被请求国与我国之间没有条约关系，才可以通过外交途径进行。在境外文书送达中，条约途径和外交途径不能并用。

（3）使领馆途径。即委托中华人民共和国驻受送达人所在国的使领馆代为送达，要求受送达对象必须具有中国国籍。

（4）向受送达人在本案中委托的诉讼代理人送达。只要是受送达人在本案中委托的诉讼代理人，都应当接受送达。

（5）向受送达人在中华人民共和国领域内设立的独资企业、代表机构、分支机构或者有权接受送达的业务代办人送达。

（6）替代送达。受送达人为外国人、无国籍人，其在中华人民共和国领域内设立的法人或者其他组织担任法定代表人或者主要负责人，且与该法人或者其他组织为共同被告的，向该法人或者其他组织送达。受送达人为外国法人或者其他组织，其法定代表人或者主要负责人在我国领域内的，可以向其法定代表人或者主要负责人送达。

（7）邮寄送达。受送达人所在国的法律允许邮寄送达的，可以邮寄送达，自邮寄之日起满三个月，送达回证没有退回，但根据各种情况足以认定已经送达的，期间届满之日视为送达。

（8）电子送达。采用能够确认受送达人收悉的电子方式送达，但是受送达人所在国法律禁止的除外。

（9）意思自治。以受送达人同意的其他方式送达，但是受送达人所在国法律禁止的除外。

（10）公告途径。不能用上述方式送达的，公告送达，自发出公告之日起，经过六十日视为送达。

做题小技巧：

（1）可以采用多种方式送达，以最先送达方式为准，但有两个例外：

A. 国际条约途径和外交途径不能同时并用。

B. 公告属于兜底途径，不能和其他方式并用。

（2）使领馆只管自己人。

2. 外国司法文书向我国送达

外国法院向在住所地在我国境内的受送达人送达文书的途径包括：

（1）国际条约途径。

（2）外交途径。由该国驻华使馆将司法文书交中国外交部领事司转递。

（3）使领馆途径。外国驻我国使领馆可以向该国公民送达文书，但不得违反我国的法律，并不得采取强制措施。

注意：国际条约途径和外交途径之间是不能同时采用的。只有在没有条约关系的情况下，才能通过外交途径进行。

3.《海牙送达公约》

送达途径	（1）外国文书向我国送达： 外国法院——该国驻华使领馆——司法部——最高法——有关人民法院——受送达人 （2）我国文书向外国送达： 有关人民法院——最高人民法院——司法部或者我国驻该国使馆——被请求国中央机关
被请求方法院不能拒绝的理由	（1）有关期限已过 （2）专属管辖 （3）未附有中文译本但附有英文或法文文本
受送达人有权拒收	未附有中文译本的司法文书

⚖️ 判断分析

中国某法院审理一起涉外民事纠纷，需要向作为被告的外国某公司进行送达。

a. 应首先按照海牙《送达公约》规定的方式进行送达。【错误。送达文书方式无明确适用顺序，以便捷高效为原则，不存在国际条约方式优先的情况。】

b. 不得对被告采用邮寄送达方式。【错误。邮寄方式的大前提为：受送达国允许。在受送达国允许的情况下，可以采取邮寄送达的方式。题目中没有区分情况。】

c. 可通过中国驻被告所在使领馆向被告进行送达。【错误。使领馆送达只能向其本国人送达，即和使领馆同一国籍的人。本题中，中国使领馆只能向中国人进行送达。】

d. 可通过电子邮件方式向被告送达。【正确。向外国送达司法文书可以采用电子邮件方式。】

（二）域外调查取证【域外调查取证C】

方式	内容
法院取证	（1）当事人申请人民法院调查收集的证据位于中华人民共和国领域外，法院可以依照证据所在国与中华人民共和国缔结或者共同参加的国际条约中规定的方式，或者通过外交途径调查收集。 （2）在所在国法律不禁止的情况下，法院可以经双方当事人同意，通过即时通讯工具取证或者以双方当事人同意的其他方式取证

方式	内容
使领馆取证	使领馆取证只可以向其本国公民进行，同时不得采取强制措施
特派员取证	我国原则上不允许
当事人或诉讼代理人自行取证	

> **PlanB:** 个人取证不允许；
> 使领馆只可以找自己国公民。

判断分析

1. 中国和甲国均为《关于从国外调取民事或商事证据的公约》的缔约国。

a. 委托方向另一缔约方请求调取的证据不限于用于司法程序的证据。【错误。域外取证仅限于已经或即将开始的调取司法程序的证据，不包括行政程序。】

b. 甲国外交代表在其驻华执行职务的区域内，在不采取强制措施的情况下，可向甲国公民调取证据。【正确。外交代表可以向本国公民调查取证，但不得采取强制措施。】

2. 蒙古公民高娃因民事纠纷在蒙古某法院涉诉。因高娃在北京居住，该蒙古法院欲通过蒙古驻华使馆将传票送达高娃，并向其调查取证，蒙古驻华使馆不得向高娃调查取证。【错误。因为高娃为蒙古国公民，所以蒙古驻华使馆可以向其送达诉讼文书，也可以向其调查取证。】

（三）外国法院判决的承认与执行【外国法院判决的承认与执行 C】

申请人	当事人或外国法院
受理法院	有管辖权的中院
申请期限	2 年
不予承认和执行的情形	（1）外国法院对案件无管辖权； 注意：判断外国法院对案件没有管辖权的方法：外国法院依照其法律对案件没有管辖权，或者虽然依照其法律有管辖权但与案件所涉纠纷无适当联系；违反我国民事诉讼法关于专属管辖的规定；违反当事人排他性选择法院管辖的协议。有上述情形之一的，我国法院应认定该外国法院对案件无管辖权。 （2）被申请人未得到合法传唤或者虽经合法传唤但未获得合理的陈述、辩论机会，或者无诉讼行为能力的当事人未得到适当代理； （3）判决、裁定是通过欺诈方式取得； （4）人民法院已对同一纠纷作出判决、裁定，或者已经承认第三国法院对同一纠纷作出的判决、裁定； （5）违反中华人民共和国法律的基本原则或者损害国家主权、安全、社会公共利益。
救济	自裁定送达之日起十日内向上一级人民法院申请复议
离婚判决承认与执行的条件	可不以双边司法协助协议或互惠关系为基础；如果依照我国司法解释请求承认执行外国离婚判决，只承认其中解除夫妻身份关系的内容

判断分析

甲国人韩某与中国人王某结婚，后因感情疏离，韩某向甲国法院起诉离婚并获得对其有利的判决。韩某向王某住所地的中国某法院申请承认甲国法院的离婚判决。中国和甲国之间没有关于法院判决承认和执行的司法协助协定，也没有相应的互惠关系。根据我国法律和司法解释，下列哪一选项是正确的？（单选）

A. 由于中国和甲国既无司法协助也无互惠关系，法院应拒绝承认甲国离婚判决
B. 如果甲国离婚判决是在王某缺席且未得到合法传唤情况下作出的，法院应拒绝承认
C. 如果法院已经受理了韩某的申请，王某向同一法院起诉离婚的，法院应当受理
D. 如果法院已经受理了韩某的申请，韩某不得撤回其申请

【考点】外国法院判决的认可与执行

【解析】外国法院作出的判决、裁定，可以由当事人直接向有管辖权的法院提出承认与执行，也可以由外国法院按照条约的规定或者互惠原则请求我国法院承认与执行。如果没有条约或互惠关系则裁定驳回申请。但当事人向人民法院申请承认外国法院作出的发生法律效力的离婚判决的除外。

本案中因为是外国法院作出的发生法律效力的离婚判决，因此可以不存在条约或互惠关系。选项 A 错误。

依据有关法律规定，外国离婚判决是在被告缺席且未得到合法传唤情况下作出的，人民法院不予承认。选项 B 正确。

人民法院受理承认外国法院离婚判决的申请后，对方当事人向人民法院起诉离婚的，人民法院不予受理。选项 C 错误。

申请人的申请为人民法院受理后，申请人可以撤回申请，人民法院可以裁定准予撤回。选项 D 错误。

综上，本题正确答案为选项 B。

【得分速记】

（1）外国法院作出判决、裁定的承认与执行，可以当事人直接提，也可以通过外国法院按条约或互惠原则提。外国法院作出的发生法律效力的离婚判决认可与执行不需要条约或互惠原则。

（2）承认与执行申请为人民法院受理后，申请人可以撤回申请，人民法院可以裁定准予撤回。

【第五章必背句】

1 仲裁协议当然无效——违法；可能无效——不明确。

2 逐级上报的本质——损害外方利益。

3 财产权益纠纷——沾边就管。

4 选法律——随便。

选法院——必须有实际联系。

5 平行诉讼——谁先出【生效判决】听谁的。

6 使领馆只管自己人。

7 送达公约照送不误——违法也送。

第六章
区际法律问题

第一节 区际文书送达【区际文书送达 E】

考点一、区际文书送达途径

1. 域外送达的十种途径中,除了前三种不适用于港澳台,剩余七种适用于向港、澳、台的送达。
2. 涉港、澳、台均可采用"委托送达"方式,但存在区别。
3. 涉台送达还可采用"指定代收人"方式。

(一)邮寄和公告的期限

3个月,邮寄3个月无人理视为失败,公告3个月无人理视为送达。

考点二、涉港澳台司法文书委托送达的异同

	涉港	涉澳	涉台
委托机构	内地高院←→香港高等法院 内地最高法→香港高等法院	内地高院←→澳门终审法院 内地最高法←→澳门终审法院 新增: 1. 经与澳门特别行政区终审法院协商,最高人民法院可以授权部分中级人民法院、基层人民法院与澳门特别行政区终审法院相互委托送达和调取证据 2. 经授权的中级人民法院、基层人民法院收到澳门特别行政区终审法院委托书后,认为不属于本院管辖的,应当报请高级人民法院处理	内地高院←→台湾地区有关法院
期限	2个月,收到委托书起算,委托书应有中文文本		
费用	无须付费,但需承担法院实际产生的费用		
不能拒绝送达的理由	(1)有关期限已过;(2)专属管辖;(3)不承认对该请求事项提起诉讼的权利 PlanB:违法照送不误。		
认定送达的方式	涉外和涉港澳台认定送达的方式基本上是相同的,包括四种: (1)签收 (2)受送达人的某些行为 (3)受送达对象明确且在内地的,以留置方式认定送达 (4)公告3个月期满		

判断分析

香港地区甲公司与内地乙公司发生投资纠纷，乙公司诉诸某中级人民法院。陈某是甲公司法定代表人，张某是甲公司的诉讼代理人。

a. 如陈某在内地，受案法院必须通过上一级人民法院向其送达。【错误。作为受送达人的自然人或者企业、其他组织的法定代表人、主要负责人在内地的，人民法院可以直接向该自然人或者法定代表人、主要负责人送达。】

b. 如甲公司在授权委托书中明确表明张某无权代为接收有关司法文书，则不能向其送达。【正确。除受送达人在授权委托书中明确表明其诉讼代理人无权代为接收有关司法文书外，其委托的诉讼代理人为有权代其接受送达的诉讼代理人。本题因为甲公司在授权委托书中明确表明张某无权代为接收有关司法文书，所以无权送达。】

c. 同时采用公告送达和其他多种方式送达的，应当根据最先实现送达的方式确定送达日期。【错误。除公告送达方式外，人民法院可以同时采取多种法定方式向受送达人送达。采取多种方式送达的，应当根据最先实现送达的方式确定送达日期。因此公告送达应当被排除在外。】

d. 如甲公司在内地设有代表机构的，受案人民法院可直接向该代表机构送达。【正确。受送达人在内地设立有代表机构的，人民法院可以直接向该代表机构送达。】

第二节 区际调查取证【区际调查取证E】

	涉港	涉澳
联络机构	内地高院⟵⟶香港政务司行政署 内地最高法→香港政务司行政署	内地高院⟵⟶澳门终审法院 内地最高法⟵⟶澳门终审法院 新增： 1. 经与澳门特别行政区终审法院协商，最高人民法院可以授权部分中级人民法院、基层人民法院与澳门特别行政区终审法院相互委托送达和调取证据 2. 经授权的中级人民法院、基层人民法院收到澳门特别行政区终审法院委托书后，认为不属于本院管辖的，应当报请高级人民法院处理
期限	6个月，自收到委托书起算	3个月，自收到委托书起算
费用	无须付费，但需承担法院实际产生的费用	
限制	（1）只能调取与诉讼有关的证据且委托书及所附材料应当提交中文文本 （2）委托方法院提出参与取证的请求，受托方法院可以允许委托方司法人员直接出席并直接取证，应当通知取证时间、地点	
澳门增加取证方式	音视频方式： 受委托方法院可以根据委托方法院的请求，并经证人、鉴定人同意，协助安排其辖区的证人、鉴定人通过视频、音频作证 注意：要经委托方法院请求，并经证人、鉴定人的同意。同时，即便满足这个条件，受托方也是"可以"协助安排，即受委托方有权自主决定是否允许证人、鉴定人通过视频、音频作证	
涉澳送达文书和调取证据的委托书由受案法院出具，但需要通过高院（内地）或终审法院（澳门）转递		

> **秒杀 PlanB：**
>
> 香港 ⎧ 送文书：内地高院 ⟷ 香港高等法院
> 　　　　　　　　　内地最高法 → 香港高等法院
> 　　　⎨
> 　　　⎩ 调查取证：内地高院 ⟷ 香港政务司行政署
> 　　　　　　　　　　内地最高法 → 香港政务司行政署
>
> 澳门 ⎧ 送文书：内地基院、中院、高院、最高院 ⟷ 澳门终审法院
> 　　　⎨
> 　　　⎩ 调查取证：内地基院、中院、高院、最高院 ⟷ 澳门终审法院

第三节　区际法院判决和仲裁的认可与执行

考点一、法院判决的认可与执行【区际判决的认可与执行 C】

1. 法律依据

（1）涉港：2017 年双边安排（婚姻家事判决）；2019 年双边安排（民商事判决安排）。

（2）涉澳：2006 年双边安排。

（3）涉台：2015 年最高法司法解释。

2. 认可与执行的对象

（1）涉港：具有"书面管辖协议"（"书面协议管辖权"）的民商事判决和婚姻家事判决。

（2）涉澳：

①民商事判决（包括劳动争议案件）；

②刑事案件中有关民事损害赔偿的判决。

（3）涉台：

①民商事判决（没有劳动争议）；

②刑事案件中有关民事损害赔偿的判决。

3. 期限

（1）涉港：判决生效或规定的履行期届满后 2 年内。

（2）涉澳：依执行地法律规定（2 年）。

（3）涉台：同内地法律规定（2 年）。

4. 中文译本

（1）涉港：强调在内地须提供中文译本。

（2）涉澳：相互应提供中文译本。

（3）涉台：应提供中文译本。

5. 对认可与否裁定不服的救济

对内地法院作出的认可与否裁定不服的，可以向上一级法院申请复议；对港澳法院作出的认可与否裁定不服的，可以依当地法律提起上诉。

6. 是否能同时向两地法院提出执行申请

	港	澳
判决能否向两地法院同时申请	能。分别执行，不超过判决总额	不能。但可向一地法院申请执行，向另一地法院申请查封、扣押或冻结

注意：均不得同时向内地几个中院提出认可与执行申请。

对法院认可与否裁定不服的：在内地可向上一级法院提请复议；在港澳可提出上诉。

考点二、仲裁裁决的认可与执行【区际仲裁裁决的认可与执行C】

	香港	澳门	台湾
机构	内地：被申请人住所地或财产所在地中院 香港：高等法院	内地：被申请人住所地、经常居住地或财产所在地中院 澳门：认可和执行申请都向中级法院提出，中级法院认可后，由初级法院执行	内地：申请人住所地、经常居住地或者被申请人住所地、经常居住地或者被执行财产所在地中院或专门法院
期限	2年		
是否能同时向两地法院提出执行申请	能	能	—

注意：
1. 均不得同时向内地几个中院提出认可与执行申请且要求中文译本。
2. 拒绝认可与执行港澳台仲裁裁决的理由，与拒绝承认与执行外国仲裁裁决的理由基本相同。

> **PlanB**：关于仲裁判决是否能同时向两地法院提出执行申请——澳判不能，其他全能。

判断分析

1. 秦某与洪某在台北因合同纠纷涉诉，被告洪某败诉。现秦某向洪某财产所在地的大陆某中级人民法院申请认可该台湾地区的民事判决。

a. 受理秦某的认可申请后，作出裁定前，秦某要求撤回申请的，人民法院应当允许。【错误。人民法院受理认可台湾地区法院民事判决的申请后，作出裁定前，申请人请求撤回申请的，可以裁定准许。注意是可以而不是应当。】

b. 如人民法院裁定不予认可该判决，秦某可以在裁定作出1年后再次提出申请。【错误。一事不再理，若人民法院裁定不予认可台湾判决，当事人无权再申请认可，但可以就同一案件事实重新向人民法院起诉。】

2. 中国香港甲公司与内地乙公司签订商事合同，并通过电子邮件约定如发生纠纷由香港法院管辖。后因履约纠纷，甲公司将乙公司诉至香港法院并胜诉。判决生效后，甲公司申请人民法院认可和执行该判决。关于该判决在内地的认可与执行，请判断下列说法正误：

a. 如乙公司的住所地与财产所在地分处两个中级人民法院的辖区，甲公司不得同时向这两个人民法院提出申请。【正确。在内地只能选择一个内地法院，不能浪费司法资源。被申请人住所地、经常居住地或者财产所在地在内地不同的大陆中级法院辖区的，申请人应当选择向其中一个法院提出认可和执行的申请，不得分别向两个或两个以上大陆法院提出申请。】

b.如乙公司在内地与香港均有财产，甲公司不得同时向两地法院提出申请。【错误。被申请人的住所地、经常居住地或者财产所在地，既在内地又在香港特别行政区的，申请人可以同时分别向两地法院提出申请，两地法院分别执行判决的总额，不得超过判决确定的数额。】

c.如甲公司的申请被人民法院裁定驳回，它可直接向最高人民法院申请复议。【错误。当事人对是否认可和执行的裁定不服的，在内地可以向上一级人民法院申请复议，不能直接向最高法复议，在香港特别行政区可以根据其法律规定提出上诉。】

3.住所在上海的甲公司在北京和香港都有财产，在与香港公司乙的一起纠纷中，甲乙两公司共同约定由香港法院管辖。经该法院审理甲公司败诉，判决生效后，甲公司拒绝履行该判决。根据《关于内地与香港特别行政区法院相互认可和执行当事人协议管辖的民商事案件判决的安排》的规定，下列选项正确的是？（多选）

A.乙公司可以向上海和北京的中级人民法院同时提出认可和执行该判决的申请

B.乙公司可以同时向上海中院和香港特别行政区高等法院提出执行申请

C.如果乙公司到内地申请执行该判决，经法院审查该案件，内地法院有专属管辖权，则对之不予认可和执行

D.如果该判决在上海中院申请得到了认可和执行，甲公司对之不服，可以向上海高院提出上诉

【考点】区际文书送达与区际调取证据

【解析】

被申请人住所地、经常居住地或者财产所在地在内地不同的中级人民法院辖区的，申请人应当选择向其中一个人民法院提出认可和执行的申请，不得分别向两个或者两个以上人民法院提出申请，故A项错误。被申请人的住所地、经常居住地或者财产所在地，既在内地又在香港特别行政区的，申请人可以同时分别向两地法院提出申请，故B项正确。根据执行地的法律，执行地法院对该案享有专属管辖权的，应当裁定不予执行，故C项正确。当事人对是否认可和执行的裁定不服的，在内地可以向上一级人民法院申请复议，不能提出上诉，故D项错误。

综上，本题正确答案为选项BC。

【得分速记】

澳判不能，其他全能。

【第六章必背句】

1 送文书主体：香港高等法院；澳门终审法院。

2 调查取证主体：香港政务司行政署；澳门终审法院。

3 关于仲裁判决是否能同时向两地法院提出执行申请——澳判不能，其他全能。

4 违法判决——照送不误。

违法判决——不予执行。

第三编　国际经济法

国际经济法体系

第一章　国际经济法概述

第二章★国际货物买卖
第三章★国际货物运输与保险　　　｝　四大金刚：买卖、运输、保险、支付
第四章★国际贸易支付

第五章　对外贸易管理制度
第六章　国际经济法领域的其他法律制度　　｝　经济与贸易
第七章★世界贸易组织（WTO）

第一章 国际经济法概述

国际经济法是调整自然人、法人、国家和国际组织的跨国经济关系的法律规范的总称。国际经济法的渊源主要有四个。（了解即可）

1. 国际经济条约

作为国际经济法最重要的法律渊源，国际经济条约中占主要地位的是多边国际经济条约。

2. 国际商务惯例

国际商务惯例是在国际商业交往中长期形成的，经过反复使用而被国际商业的参加者接受的习惯做法或通例。

其特点为：

（1）它的确立，并非基于国家的立法或国家间的缔约；

（2）它对于特定当事人具有的法律上的约束力，来源于当事人各方的共同协议和自愿选择，不具有当然的强制性；

（3）当事人在订立合同时，对于某一项现成的国际商务惯例，只要各方合意议定，就既可以全盘采用，也可以有所增删，听其自便；

（4）国际商务惯例对特定当事人的约束力，往往必须借助国家的主权或其他强制权。

3. 联合国大会的规范性决议

国际组织通过的决议一般只具有建议的效力，并不对其成员具有强制力。随着实践发展，联大的决议越来越具有法律拘束力，成为各国经济往来中应当遵守的准则。

4. 国内立法

各国制定的关于调整涉外经济关系的法律规范文件等国内立法也属于国际经济法的渊源，但需要注意的是，国际判例在我国不属于法律渊源。

第二章 国际货物买卖

第一节 《国际贸易术语解释通则》【国际贸易术语B】

《国际贸易术语解释通则》（International Rules for the Interpretation of Trade Terms，缩写 Incoterms）是国际商会为统一各种贸易术语的不同解释于 1936 年制定的，随后，为适应国际贸易实践发展的需要，国际商会先后于 1953 年、1967 年、1976 年、1980 年和 1990 年进行过多次修订和补充。

1999 年，国际商会广泛征求世界各国从事国际贸易的各方面人士和有关专家的意见，通过调查、研究和讨论，对实行 60 多年的《通则》进行了全面的回顾与总结。为使贸易术语更进一步适应世界上无关税区的发展、交易中使用电子讯息的增多以及运输方式的变化，国际商会再次对《国际贸易术语解释通则》进行修订，并于 1999 年 7 月公布《2000 年国际贸易术语解释通则》（简称《Incoterms 2000》或《2000 年通则》），于 2000 年 1 月 1 日起生效。2010 年 9 月 27 日，国际商会正式推出《2010 国际贸易术语解释通则》（《Incoterms 2010》），目前最新版本为《Incoterms 2020》。

注意：

如果要使合同适用《Incoterms 2020》，应在合同中明确表明。国际贸易术语具有任意性的特点，当事人选择适用，只有当事人明确表示适用才适用。

十一个贸易术语：

EXW	工厂交货，EX Works
DDP	完税后交货，Delivered Duty Paid
FAS	船边交货，Free Alongside Ship
FOB	船上交货，Free on Board
CFR	成本加运费，Cost and Freight
CIF	成本、保险费加运费，Cost、Insurance and Freight
FCA	货交承运人，Free Carrier
CPT	运费付至，Carriage Paid to
CIP	运费及保险费付至，Carriage and Insurance Paid to
DAP	目的地交货，Delivered at Place
DAT	运输终端交货，Delivered at Terminal

1. 卖方风险最小 EXW（工厂交货）

卖方风险最大 DDP（完税后交货）

2. 只适用于海运河运（其他都是适用于任何单一或多种运输方式）

	术语后港口名	价格构成	安排运输	投保
FAS	船边交货，FAS 与 FOB 的区别：卖方是否负责装船			
FOB	装运港	交易成本	买方	买方，投保不是义务
CFR	目的港	成 + 运	卖方	买方，投保不是义务
CIF	目的港	成 + 运 + 保	卖方	卖方

（1）FOB 和 CFR 术语下，买保险不是买方的合同义务。若买方不投保，风险转移后的货物损失由买方自行承担而已，但卖方无权追究买方的违约责任。

（2）FOB、CIF、CFR 三个术语的共性：

①风险转移的时间相同，均自货物在装运港装运上船时风险转移（卖方完成交货义务）时。

②均属于装运合同，交货地点都在装运港。使用 CIF 和 CFR 术语时，因为是卖方去安排运输，合同中必须约定目的港。但货物风险也是在装运港装运上船时转移，卖方的交货义务截止于装运港。

③均为卖方办理出口手续，买方办理进口手续。

（3）FOB、CIF、CFR 术语的特殊规定。

FOB	①买方安排运输后通知卖方，以便卖方货交承运人，未履行通知义务导致卖方未交货或迟延交货，买方无权要求卖方承担违约责任 ②卖方交货时通知买方，以便买方及时投保，未履行通知义务即使货物已经完成装船，运输途中的损失也由卖方承担
CFR	卖方交货时通知买方，以便买方及时投保
CIF	一般投平安险，除非买方有特殊要求

3. FCA、CPT、CIP

FCA	共性：
CPT	（1）货物风险自卖方将货物交给第一承运人时转移
CIP	（2）交货地点为第一承运人所在地（装运地，因为此三种适用于所有运输方式，所以是装运地不一定是装运港） （3）适用于一切运输方式 （4）其余各方面 FOB、FCA、CFR 和 CPT、CIF、CIP 一一对应

4. 新增

（1）DAP：运到。

（2）DAT：运到 + 卸下。

5.《2020 国际贸易术语解释通则》

（1）换个名，DAT 改为 DPU。

（2）FCA 增加：买卖双方可以约定买方指示其承运人在货物装运后向卖方签发已装船提单。

（3）CIP 险别：以前是最低险，现在是一切险。

（4）正名扶正：

①FCA、DAP、DPU、DDP 允许买卖双方使用自己的运输工具；

②谁运输谁承担安保费，将安保费纳入运输费用。

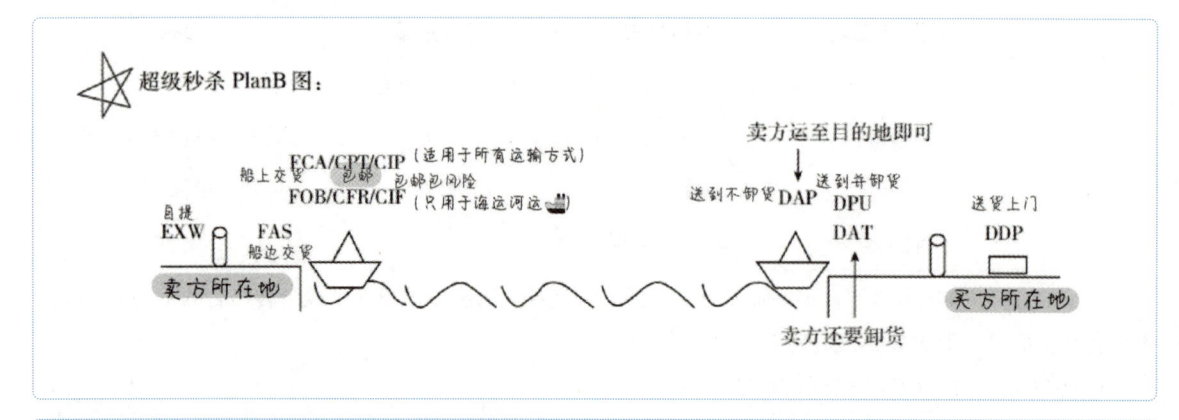

> 超级秒杀 PlanB 图：
>
> EXW 自提 卖方所在地
> FAS 船边交货
> FCA/CPT/CIP 船上交货 包邮 包邮包风险（适用于所有运输方式）
> FOB/CFR/CIF（只用于海运河运）
> 卖方运至目的地即可
> DAP 送到不卸货　DPU 送到并卸货　DAT
> 卖方还要卸货
> DDP 送货上门 买方所在地

PlanB： 1 从左到右——卖家义务越来越重。

2 风险转移：贸易术语是什么意思，什么时候就风险转移。

3 保险除了 CIP 是最高级别的一切险，其他都是最低级别的平安险。

4 包邮送到目的地：包邮之后的术语后面跟着的是（目的地），包邮之前的术语后面跟着的是（装运地）。

判断分析

1. 法国甲公司向中国乙公司出口一批葡萄酒，双方约定使用 2010 年《国际贸易术语解释通则》中 FOB 术语，法国甲公司的酒庄到装运港有一段路程需要陆路运输。现买卖双方发生纠纷诉至我国法院，请判断下列说法正误：

a. 中国乙公司应负责包括陆路运输在内的所有运输工作。【错误。FOB，货到船上，卖家只需要负责把货物交到船上即可，不包邮，没有保险。卖家至少要把货物送到船上，这部分运输不归买家负责。】

b. 法国甲公司将货物交给陆路运输的第一承运人即完成了交货【错误。卖家交到船上即可，不需要交给陆路运输的第一承运人。】

2. 中国冰冰棒公司从甲国爱酷公司以 DPU 术语进口一批货物，依据《2020 年国际贸易术语解释通则》和《1980 年联合国国际货物销售合同公约》，请判断下列说法正误：

a. 爱酷公司有义务为中国冰冰棒公司投保货物运输险。【错误。DPU 即以前的 DAT，送到并卸下，包邮包保险，但注意保险不是一定的，卖家也可以不买保险自己承担风险。】

b. 爱酷公司应在"运输终端"完成交货。【错误。DPU 是运到目的地，目的地不一定是运输终端，看约定。】

第二节 《联合国国际货物销售合同公约》【国际货物销售合同公约 A】

考点一、《联合国国际货物销售合同公约》适用范围

1. 主体

（1）适用范围：公约适用于营业地在不同国家，同时这些国家都是公约缔约国的当事人之间订立的货物销售合同。

（2）如果一方或双方的营业地不在缔约国，但是依照国际私法规定应当适用缔约国法律的，那么公约规定也适用于双方订立的货物销售合同。

注意：我国不承认反致。

2. 客体

依据《1980年公约》明确规定，以下内容不适用公约：

（1）购供私人、家人或家庭使用的货物的销售，除非卖方在订立合同前任何时候或订立合同时不知道而且没有理由知道这些货物是购供这种使用。

（2）经由拍卖的销售。

（3）根据法律执行令状或其他令状的销售。

（4）公债、股票、投资证券、流通票据或货币的销售。

（5）船舶、船只、气垫船或飞机的销售（整船整飞机）。

（6）电力的销售。

（7）合同中卖方的主要义务在于提供劳务或其他服务。如果合同中提供的劳务或服务没有构成供货方的绝大部分义务，则仍被公约视为是买卖合同。如合同是由买卖和劳务两部分组成的，则公约只适用于买卖合同部分。

3. 《1980年公约》适用的任意性

公约的适用并不是强制性的，当事人可以通过选择其他法律而排除公约的适用，当事人也可以在买卖合同中约定部分地适用公约，或对公约的内容进行改变。

注意：在我国，国际货物买卖合同中若明确地选择了准据法将完全排除公约适用，买卖合同中对贸易术语的选择只可以部分排除公约的适用。

> **PlanB:** 公约，想怎么用，就怎么用。

判断分析

中国甲公司与法国乙公司商谈进口特种钢材，乙公司提供了买卖该种钢材的格式合同，两国均为1980年《联合国国际货物销售合同公约》缔约国。

a. 因两国均为公约缔约国，双方不能在合同中再选择适用其他法律。【错误。公约是具有任意性的，爱怎么用怎么用，全用可以，不用也可以，用了公约再用其他的也可以，想怎么用就怎么用，这才叫任意。因此尽管两国均为公约缔约国，当事人仍可以通过意思自治选择其他法律适用。】

b. 如双方在合同中选择了贸易术语，则不再适用公约。【错误。公约的任意性，想怎么用就怎么用，因此即使当事人选择了国际贸易术语，仍然适用公约。】

考点二、合同的成立

1. 关于要约的构成要件，公约要求要约必须是向一个或一个以上**特定的人**发出，而我国《民法典》合同编没有此项规定。

2. 涉外货物买卖合同**不要求**必须采用书面形式。

3. 逾期承诺：逾期承诺仍**有**承诺的效力，除非要约人毫不迟延地用口头或书面将否定意见通知受要约人。如果载有逾期承诺的信件或其他书面文件表明，它是在传递正常、能及时送达要约人的情况下寄发的，则该项逾期承诺具有承诺的效力，除非要约人毫不迟延地用口头或书面通知受要约人，他认为要约已经失效。

考点三、买方义务

（一）支付货款

1. 支付地点（除非合同另有约定）：
（1）凭移交货物或单据支付货款：移交货物或单据的地点。
（2）其他情形：卖方营业地。

2. 支付时间（除非合同另有约定）：卖方将货物或控制货物处置权的单据置于买方控制下时。

（二）接收货物

1. 接收义务
（1）采取一切理应采取的行动，以期卖方能交付货物。
（2）提取货物，否则应承担因未按时提取货物而扩大的损失或由此产生的费用。
注意：**接收**不等于**接受**。

2. 拒收权
（1）卖方**提前**交货。
（2）卖方**多交**货，有权拒收多交部分。

（三）检验货物

1. 检验的时间限制：实际可行的**最短**时间。

2. 检验地点：
（1）卖方义务涉及运输：**目的地**。
（2）卖方订立合同时**已知**货物须转运：**转运目的地**。

3. 声明不符的时间限制：
（1）合理时间；
（2）最长不超过收货后 2 年，除非与合同规定的保证期限不符。

考点四、卖方义务

（一）交货义务

1. 交货地点：

（1）卖方交货义务涉及运输：货交第一承运人所在地。
（2）卖方交货义务不涉及运输：合同明确的特定地点或卖方订立合同时的营业地。
2. 交货时间：合理时间。

（二）交单义务

1. 按照合同约定的时间、地点和方式移交约定的单据。
2. 若提前交单，享有在交单时间届满前纠正单据错误的权利，但应赔偿买方因此所受到的损失。

（三）货物相符

1. 质量担保
（1）符合该货物通常使用的目的。
（2）符合订立合同时买方明示或默示通知卖方的任何特定目的。
（3）与卖方提交的样品或样式相符。
（4）按照同类货物通用的方式包装或装箱，如果没有此种通用方式，按照足以保全和保护货物的方式包装或装箱。

2. 数量相符
与约定不符均构成违约；若卖方多交，买方可以接收，但应按合同价款支付。

（四）▲权利担保

1. 所有权担保
2. 知识产权担保
（1）地域限制：买方营业地、合同预期的货物转售地、合同预期的货物使用地。

> **PlanB:** 地域限制——买回去能用。

（2）免责：
①买方订立合同时已知道或不可能不知道此项权利或要求；
②此项权利或要求的发生，是由于卖方要遵照买方所作的指示供货；
③买方已知道或理应知道第三方的权利或要求，但未在合理时间内通知卖方。

> **PlanB:** 免责——知假买假、定做、不仗义。

🔨 判断分析

1. 依据《1980年公约》，卖方在不使买方承担不合理开支的情况下，可以改变移交单据的地点和方式。该说法是否正确？【错误。只能改变时间。】
2. 依据《1980年公约》，卖方应担保在全球范围内其所交付的货物不侵犯他人的知识产权。该说法是否正确？【错误。只担保买方营业地、合同预期的货物转售地、合同预期的货物使用地。】
3. 依据《1980年公约》，若卖方在订立合同时不知道其所售货物可能依买方营业地的知识产权法属侵权，卖方即可免除知识产权担保责任。该说法是否正确？【错误。卖方应当担保所卖货物在买方营业

地、合同预期的货物转售地、合同预期的货物使用地不侵权。】

4. 依据《1980 年公约》，若买方在订立合同时已经知道所购货物存在第三方在买方营业地的知识产权侵权，卖方可免除知识产权担保责任。该说法是否正确？【正确。买方订立合同时已知道或不可能不知道侵权，卖方可以免除责任。】

5. 中国甲公司向美国乙公司出口一批笔记本电脑，德国丙公司认为该批货物侵犯了其在美国登记注册的专利权遂向美国有关部门提起申诉，货物遭美国海关扣押，美国乙公司遂向中国甲公司索赔。请问下列哪项不属于甲公司的免责事由？（单选）

A. 乙公司在订立合同时知道这批货物存在第三方权利
B. 乙公司提供产品样纸，甲公司按照乙公司要求生产的该批电脑
C. 甲公司在订立合同时不知道该批电脑可能侵权
D. 乙公司知道货物侵权后未在合理时间内通知甲公司

【考点】国际货物买卖法律制度之 1980 年《联合国国际货物销售合同公约》

【解析】
知识产权担保中，以下三种情况下卖家可以免责：
①买方订立合同时已知道或不可能不知道此项权利或要求；选项 A 属于免责事由。
②此项权利或要求的发生，是由于卖方要遵照买方所作的指示供货；选项 B 属于免责事由。
③买方已知道或理应知道第三方的权利或要求，但未在合理时间内通知卖方。选项 D 属于免责事由。

卖方知识产权担保的地域限制为：买方营业地、合同预期的货物转售地、合同预期的货物使用地。卖家应当担保货物在买家所在地即美国不侵权。选项 C 不属于免责事由。

综上，本题正确答案为选项 C。

【得分速记】
卖方知识产权担保的地域限制为：买方营业地、合同预期的货物转售地、合同预期的货物使用地。

考点五、违约救济与风险转移

（一）违约救济

《1980 年公约》关于违约救济的规定基本与我国《民法典》合同编相同。

1. 分批交付货物无效的处理

依据《1980 年公约》第 73 条：

（1）在一方当事人不履行任何一批货物的义务，构成对该批货物的根本违约时，只能宣告合同对该批货物无效。

（2）如有充分理由断定对今后各批货物将会发生根本违反合同，则可在一段合理时间内宣告合同今后无效。

（3）当买方宣告合同对任何一批货物的交付为无效，而各批货物又是互相依存的，可宣告对已交付的或今后交付的各批货物均无效。

2. 不可抗力

遭遇不可抗力，必须通知对方才能免责，如果该项通知在不履行义务的一方已知道或理应知道此一障碍后一段合理时间内仍未为另一方收到，则他对由于另一方未收到通知而造成的损害负赔偿责任。

> **PlanB:** 不可抗力，通知免责。

（二）风险转移

1. 一般规则：如果有 约定 则合同约定优先；无约定， 交货时 转移。
2. 在途运输货物：原则上在 合同成立 时风险转移。

注意：国际货物买卖合同履行中，风险转移与所有权转移没有直接的关系。

判断分析

甲国瑞尼尔公司从乙国绿地公司进口三批粮食，合同选用《2020 年国际贸易术语解释通则》的 CIF 术语。第一批粮食正常发货后，乙国遭遇台风，致使后两批粮食不能发运，存放在仓库。绿地公司认为其遭遇了不可抗力，可以免责。两国均为《联合国国际货物销售合同公约》的成员国，请判断下列说法：

a. 若后两批粮食无法交付，甲国瑞尼尔公司可宣告合同无效【错误。(1) 在一方当事人不履行任何一批货物的义务构成对该批货物的根本违约时，只能宣告合同对该批货物无效。(2) 如有充分理由断定对今后各批货物将会发生根本违反合同，则可在一段合理时间内宣告合同今后无效。(3) 当买方宣告合同对任何一批货物的交付为无效，而各批货物又是互相依存的，可宣告对已交付的或今后交付的各批货物均无效。本案中第二、三批货物无法交付不会对第一批货物产生影响，且只是延期交付不一定导致履行不能。】

b.《联合国国际货物销售合同公约》规定了遭遇不可抗力一方的通知义务。【正确。遭遇不可抗力，必须通知对方。】

> 【第二章必背句】
> 1《1980 年公约》随便用，想怎么用，就怎么用。
> 2 买家原则要接收货物，除非早交多交。
> 3 货物相符——保质保量。
> 4 世界上最好的卖家——只要你过的比我好（买回去能用就行）。
> 5 卖家免责情形：买家知假买假、定做、不仗义。

第三章 国际货物运输与保险

第一节　国际货物运输

国际海上货物运输是指使用船舶通过海上航道在不同的国家和地区的港口之间运送货物的一种运输方式。国际海上货物运输分为班轮运输和租船运输两种主要形式。**班轮运输**是指轮船公司将船舶按事先制定的船期表，在特定海上航线的若干个固定挂靠的港口之间，定期为非特定的众多货主提供货物运输服务，并按事先公布的费率或协议费率收取运费的一种船舶经营方式。**国际租船运输**是指租船人向船东租赁船舶用于货物运输的一种方式。租船运输适用于大宗货物运输，有关航线和港口、运输货物的种类以及航行的时间等，都按照承租人的要求，由船舶所有人确认。租船人与出租人之间的权利义务以双方签订的租船合同确定。租船运输主要包括航次租船运输和定期租船运输两种方式。

考点一、提单与海运单【提单A】

（一）提单与海运单的区别

提单是**物权凭证**，是指用以证明海上货物运输合同的订立和货物已由承运人接管或者装船，以及承运人保证据以交付货物的单证。提单主要有以下特点：

1. 提单是海上**运输合同的证明**（承运人与托运人）。
2. 提单是承运人出具的接收货物的收据。
3. 提单是承运人交付货物的物权凭证，重点解决承运人责任。

海运单，是指证明海上货物运输合同和承运人接收货物或者已将货物装船的不可转让的单证，它是在航程较短的运输中产生出来的一种运输单证。海运单的正面内容与提单的基本一致，但是印有"不可转让"的字样。有的海运单在背面订有货方定义条款、承运人责任、义务与免责条款、装货、卸货与交货条款、运费及其他费用条款、留置权条款、共同海损条款、双方有责碰撞条款、首要条款、法律适用条款等内容。

海运单不能背书转让，收货人无需凭海运单，只需出示适当的身份证明，就可以提取货物，海运单不是货物的物权凭证。因此海运单迟延到达、灭失、失窃等均不影响收货人提货，这样可以有效地防止海运欺诈、错误交货的发生。海运单在无转卖货物意图的贸易运输中焕发了勃勃生机。1990年在国际海事委员会第34届大会上通过了《国际海事委员会海运单统一规则》，供当事人选择适用。

注意：提单 vs 海运单

二者都具有运输合同证明和货物收据的作用。

区别在于：提单具有物权凭证的效力，而海运单不是货物的物权凭证。

PlanB: 提单 VS 海运单	合同运输凭证	物权凭证
提单	√	√
海运单	√	×

判断分析

1. 倒签提单和预借提单都具有一定的欺诈性质。该说法是否正确。【正确。倒签提单和预借提单都具有一定的欺诈性质。】

2. 海运单具有证明海上运输合同存在的作用。该说法是否正确。【正确。海运单具有证明海上运输合同存在的作用。】

3. 海运单具有物权凭证的特征，收货人凭海运单提取货物。该说法是否正确。【错误。海运单不具有物权凭证的特征，只有提单才具有物权凭证的特征。】

（二）提单的种类

签发时货物是否装船	已装船提单和收货代运提单
有无对货物的不良批注	清洁提单和不清洁提单
收货人抬头	（1）记名提单：明确收货人姓名或名称，不能转让 （2）不记名提单：收货人处空白或填写"交持有人"，交付即转让，无须背书 （3）指示提单：收货人处填写"凭指示"，背书转让
倒签提单和预借提单	共同点：（1）提单上的装船时间是不真实的 （2）具有欺诈性质 区别：签发提单时货物是否已实际装船
注意：倒签提单是货物已装船后将装船日期倒签，而预借提单是货物尚未实际装船就签发的已装船提单

（三）无单放货的法律责任

由于正本提单具有物权凭证的法律效力，因此承运人在目的港有义务向正本提单持有人交货。无正本提单交付货物的法律责任有：

1. 承运人与无单取货人的连带责任。

2. 承运人违约责任和侵权责任的竞合。

3. 承运人赔偿额以货物的 CIF 价格计算。

4. 承运人因无正本提单交付货物承担民事责任的，不适用《海商法》关于限制赔偿责任的规定。

5. ▲无单放货免责情形

依照法律规定，以下情形中，无单放货可以免责：

（1）承运人依照提单载明的卸货港所在地**法律**规定必须将承运到港的货物交付给当地海关或者港口当局的。

（2）承运到港的货物超过**法律**规定期限无人向海关申报，被海关提取并依法变卖处理，或者法院依法裁定拍卖承运人留置的货物。

（3）承运人按照**记名提单**托运人的要求中止运输、返还货物、变更到达地或者将货物交给其他收货人。只适用于签发记名提单，因为记名提单是非流通的提单，承运人本来就是按照托运人要求向特定收货人交货。

（4）承运人签发**一式数份**正本提单，向最先提交正本提单的人交付货物后，其他持有相同正本提单的人要求承运人承担无正本提单交付货物民事责任的。

> **PlanB: 无单免责——依法记名、一式数份。**

⚖️ 判断分析

中国甲公司从国外购货，取得了代表货物的单据，其中提单上记载"凭指示"字样，交货地点为某国远东港，承运人为中国乙公司。当甲公司凭正本提单到远东港提货时，被乙公司告知货物已不在其手中。后甲公司在中国法院对乙公司提起索赔诉讼。乙公司在下列哪些情形下可免除交货责任？

a. 在甲公司提货前，货物已被同样持有正本提单的某公司提走。【正确。承运人签发一式数份正本提单，向最先提交正本提单的人交付货物的，承运人不承担无单放货的责任。】

b. 乙公司按照提单托运人的要求返还了货物。【错误。承运人按照记名提单托运人的要求中止运输、返还货物、变更到达地或者将货物交给其他收货人，承运人可以免除交货责任。注意必须是记名提单，本题为指示提单，承运人乙公司不能免除交货责任。】

c. 根据某国法律要求，货物交给了远东港管理当局。【正确。承运人依照提单载明的卸货港所在地法律规定必须将承运到港的货物交付给当地海关或者港口当局的，无单放货可以免责。】

d. 货物超过法定期限无人向某国海关申报，被海关提取并变卖。【正确。承运到港的货物超过法律规定期限无人向海关申报，被海关提取并依法变卖处理，或者法院依法裁定拍卖承运人留置的货物，无单放货可以免责。】

考点二、《海牙规则》、《维斯比规则》与《汉堡规则》【海牙规则、维斯比规则与汉堡规则 A】

	海牙、维斯比	汉堡
责任基础	不完全的过失责任 有过失担责，但有时有过失也不担责	完全的过失责任
免责	**航行过失、火灾过失**，无过失免责	**无过失免责**
承运人责任期间	装到卸下	接到交
责任限制	低	高

《海牙规则》过失免责条款：

1. 航行过失免责。是指船长、船员、引水员或承运人的雇佣人在驾驶或管理船舶中的行为、疏忽或不履行职责导致的货物损失，承运人可以免责。例如，船长指挥不当等。

2. 雇佣人、代理人过失导致的火灾，承运人可以免责。

> **超级 PlanB：【一句话搞定运输制度】：**
> 无过错绝不担责；有过错海牙维斯比小赖皮，汉堡正人君子。

判断分析

1. 卸货港局部或全面罢工或停工而造成的货物的损失，承运人可免责。该说法是否正确？【正确。卸货港局部或全面罢工或停工而造成的货物的损失承运人没有过错，所以无需担责。】

2. 承运人为多装货物，下令将船上的救火设施拆除，在航运途中船舶失火造成的货物烧毁的损失，承运人应当赔偿。该说法是否正确？【正确。将船上的救火设施拆除属于故意，应当担责。】

3. 根据《海牙规则》，航行途中船长超速驾驶，结果船舶触礁货舱进水造成的货物湿损，承运人应当赔偿。该说法是否正确？【错误。《海牙规则》航行过失免责。】

4. 根据《汉堡规则》，航行途中船员过失导致船舶碰撞，部分货物碎裂，承运人应当赔偿。该说法是否正确？【正确。《汉堡规则》绝对担责。】

5. 根据《维斯比规则》，船员过失导致船舶失火，部分货物被烧毁，承运人应当赔偿。该说法是否正确？【错误。《维斯比规则》火灾过失免责。】

第二节　国际货物运输保险【国际海上货物运输保险法律制度 A】

考点一、国际海上货物运输中的风险划分

海上风险	自然灾害：海上发生，且为人力意志不可转移的自然力量所引起
	意外事故：海上发生，但承运人恪尽注意可以避免
外来风险	一般外来风险：偷窃、串味、雨淋、钩损、受潮受热变质等
	特别外来风险：政治、行政等
	特殊外来风险：战争、罢工等

1. 海上风险和外来风险的核心区别在于此种风险是否是海运环境相对固有，而不是风险是否在海上发生（海上货物运输中所有的风险基本上都是在海上发生的）。

2. 货物被雨淋湿，要判断是哪种程度的雨。

如果是强热带风暴、海上恶劣天气等灾害级的"雨淋"，应归于自然灾害。如果只是一般性雨淋，则属于一般外来风险中的"淡水雨淋"。

3. 货物在装卸过程中的整件落海和装卸过程中的钩损。

装卸过程中的整件落海归因于意外事故，因为属于海运特有风险且承运人恪尽注意可以避免。装卸过程中的钩损归因于一般外来风险，因为并非海运特有风险且与战争、罢工、政治、行政等因素无关。

考点二、国际海上货物运输中的损失划分

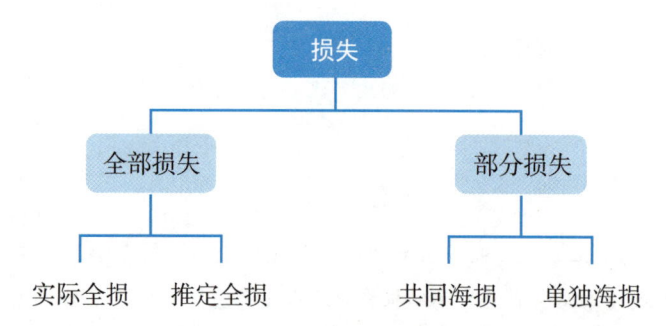

```
                        损失
                    ┌────┴────┐
                 全部损失      部分损失
                 ┌──┴──┐      ┌──┴──┐
              实际全损 推定全损 共同海损 单独海损
```

1. 实际全损：保险标的发生事故后灭失，或者受到严重损坏完全失去原有形体、效用，或者不能再归被保险人所拥有的。

2. 推定全损：货物发生保险事故后，认为实际全损已经不可避免，或者为避免发生实际全损所需要支付的费用与继续将货物运抵目的地的费用之和超过保险价值的损失状态。

3. 共同海损：在同一海上航程中，船货遭遇共同危险，为了共同安全，有意地和合理地采取措施所直接造成的特殊牺牲，支付的特殊费用。共同海损应当由受益方按照各自的分摊价值的比例分摊。

4. 单独海损：共同海损以外的货物部分损失。例如，货物遭遇强热带风暴部分湿损，运输途中部分货物受潮受热变质，装卸过程中部分货物钩损，等等。

> **PlanB:** 共同海损和单独海损全部都是部分损失。
> 共同海损——英雄的部分损失。
> 单独海损——倒霉的部分损失。

⚖️ 判断分析

1. 满载的船舶因海上风暴搁浅暗礁，为起浮抛弃部分货物造成的损失属于共同海损。该说法是否正确？【正确。首先是部分损失，其次是为了共同安全人为采取的。】

2. 因恶劣天气部分货物被打入海中的损失属于共同海损。该说法是否正确？【错误。不是为了共同安全人为采取的。】

3. 海运途中遭火灾，部分货物火损，部分货物因浇水灭火致损，本案中的火损和水损都属于共同海损。该说法是否正确？【错误。火损属于单独海损，水损属于共同海损。】

考点三、主要险别与附加险别

（一）主要险别

主要险别指可以独立承保，不必附加在其他险别项下的险别。主要险别有三种：平安险、水渍险和一切险。

基本险别承保范围对比				
海上风险		外来风险		
意外事故	自然灾害	一般外来风险	特别外来风险	特殊外来风险

第三章　国际货物运输与保险

基本险别承保范围对比				
平安险	√	√ （单独海损不赔）	×	×
水渍险	√	√	×	
一切险	√	√	√	

注意：

1. 海上风险三个都赔，只是平安险自然灾害中的单独海损不赔。
2. 外来风险只有一切险赔一般外来风险。
3. 运输迟延属于保险的除外责任。

> **PlanB:**【保险制度】
> 平安险——海上风险全赔，但自然灾害里的单独海损不赔。
> 水渍险——海上风险全赔。
> 一切险——特别特殊不赔，其他全赔。

（二）附加险别

海洋运输货物保险的附加险别不能单独投保，只能在投保主要险别后附加投保。附加险分为一般附加险、特别附加险和特殊附加险三类。

1. 一般附加险承保各种一般外来风险造成的货物全损或部分损失，货物在海运途中除发生因遇到海上自然灾害和意外事故所致损失外，还可能遭受由于各种外来原因所造成的损失。为了取得更加充分的保障，有必要加保附加险。通常属于一切险承保范围内的偷窃提货不着、淡水雨淋、短量、混杂沾污、渗漏、碰损破碎、串味、受潮、受热、钩损、包装破裂、锈损等11种附加保险。在平安险或水渍险中，根据实际需要，可作为一般附加险选择投保。

2. 特别附加险承保因特别外来风险造成的保险标的的损失，特别附加险是以导致货损的某些政府行为风险作为承保对象的。它不包括在一切险范围，不论被保险人投任何基本险，要想获取保险人对政府行为等政治风险的保险保障，必须与保险人特别约定，经保险人特别同意。否则，保险人对此不承担保险责任。我国保险公司开办的特别附加险现有6种，包括：交货不到险、进口关税险、舱面险、拒收险、黄曲霉素险、出口货物到香港或澳门存仓火险。

3. 特殊附加险是以导致货损的某些政府行为风险作为承保对象的，它不包括在一切险范围，不论被保险人投任何基本险，要想获取保险人对政府行为等政治风险的保险保障，必须与保险人特别约定，经保险人特别同意。否则，保险人对此不承担保险责任。特殊附加险只能在投保"平安险"、"水渍险"和"一切险"的基础上加保。特殊附加险对应的是特殊外来风险，只包括海洋运输货物战争险和货物运输罢工险。

判断分析

甲国A公司（卖方）与中国B公司采用FOB价格条件订立了一份货物买卖合同，约定货物保质期为交货后一年。B公司投保了平安险。货物在海运途中因天气恶劣部分损毁，另一部分完好交货，但在交货后半年左右出现质量问题。根据《联合国国际货物销售合同公约》和有关贸易惯例，请判断下列说法正误：

　　a.A 公司在陆地上将货物交给第一承运人时完成交货。【错误。FOB，"船上交货"，货物在装运港装运上船时风险转移。注意是整个装货工作完成，货物交给第一承运人不意味着已经完成所有货物交货。】

　　b.对交货后半年出现的货物质量问题，因风险已转移，A 公司不承担责任。【错误。甲国 A 公司与中国 B 公司约定货物保质期为交货后一年，因此 A 公司应当承担责任。】

　　c.对海运途中损毁的部分货物，应由保险公司负责赔偿。【错误。平安险"自然灾害中的单独海损不赔"。由于自然灾害所造成的部分损失属于单独海损，不属于承保范围。】

考点四、保险期间与除外责任

（一）保险人保险期间

　　仓至仓条款是最常用的约定保险期限的条款，保险人的责任自保险货物运离保险单所载明的起运地仓库开始，到货物到达保险单载明的目的地收货人最后仓库时止。

（二）除外责任

　　1. 被保险人的故意行为或过失所造成的损失。
　　2. 属于发货人责任引起的损失。
　　3. 在保险责任开始前，被保险货物已存在的品质不良或数量短差所造成的损失。
　　4. 被保险货物的自然损耗、本质缺陷、特性以及市价跌落、运输延迟引起的损失和费用。
　　注意：财产险只赔偿直接损失，不赔偿间接损失。
　　5. 海洋运输货物战争险条款和货物运输罢工险条款规定的责任范围和除外责任。

> 超级 PlanB：

判断分析

　　1. 航行途中船长超速驾驶，结果船舶触礁货舱进水造成了货物湿损。若该批货物投保平安险，保险公司应赔偿。该说法是否正确？【正确。船长超速驾驶，结果船舶触礁货舱进水造成了货物湿损属于意外事故，平安险赔偿。】

　　2. 装运港装卸时一包货物落入海中，若该批货物投保平安险，保险公司应赔偿。该说法是否正确？【正确。装运港装卸时一包货物落入海中属于意外事故，平安险应赔偿。】

　　3. 海上运输途中，船舶遭遇海啸沉没，货物灭失。若该批货物投保平安险，保险公司应赔偿。该说法是否正确？【正确。船舶遭遇海啸沉没，货物灭失属于自然灾害，平安险应赔偿。】

　　4. 海上运输途中，货物遭雷击部分损失，若该批货物投保平安险，保险公司应赔偿。该说法是否正确？【错误。货物遭雷击部分损失属于自然灾害中的单独海损，平安险不赔偿。】

　　5. 托运的茶叶在海运途中串味，若该批货物投保水渍险，保险公司应赔偿。该说法是否正确？【错误。托运的茶叶在海运途中串味属于一般外来风险，水渍险不赔偿。】

　　6. 装运港装卸时货物外包装被吊钩划破，若该批货物投保一切险，保险公司应赔偿。该说法是否正确？【正确。货物外包装被吊钩划破属于一般外来风险，一切险应赔偿。】

7. 中国某公司进口了一批仪器，采取海运方式并投保了水渍险，提单上的收货人一栏写明"凭指示"的字样。途中因船方过失致货轮与他船相撞，部分仪器受损。依《海牙规则》及相关保险条款，请判断下列说法正误：

a. 该提单交付即可转让。【错误。"凭指示"表明是指示提单，指示提单转让必须经过背书。】

b. 因船舶碰撞是由船方过失导致，故承运人应对仪器受损承担赔偿责任。【错误。依据《海牙规则》，承运人对航行过失、火灾过失免责。因此本题中承运人不担责。】

c. 保险人应向货主赔偿部分仪器受损的损失。【正确。水渍险海上风险全赔。遇见保险先看是什么风险，再看是什么险别，本案中仪器受损是意外事故，水渍险要赔付。】

d. 承运人的责任期间是从其接收货物时起至交付货物时止。【错误。《海牙规则》规定的承运人的责任期间是从货物装船至卸下，即装到卸。】

8. 两批化妆品从韩国由大洋公司"清田"号货轮运到中国，适用《海牙规则》，货物投保了平安险。第一批货物因"清田"号过失与他船相碰致部分货物受损，第二批货物收货人在持正本提单提货时，发现已被他人提走。争议诉至中国某法院。

a. 第一批货物受损虽由"清田"号过失碰撞所致，但承运人仍可免责。【正确。依《海牙规则》，航行过失、火灾过失免责。】

b. 碰撞导致第一批货物的损失属于保险公司赔偿的范围。【正确。第一批货物因"清田"号过失与他船相碰致部分货物受损，该损失属于意外事故，平安险应当赔付。】

c. 大洋公司应承担第二批货物无正本提单放货的责任，但可限制责任。【错误。承运人因无正本提单交付货物承担民事责任的，不得享受责任限制。】

d. 大洋公司对第二批货物的赔偿范围限于货物的价值加运费。【错误。赔偿标准按照最重的CIF来，即成本加运费加保险。】

9. 中国甲公司与美国乙公司签订300箱车厘子进口合同，车厘子抵达收货港后，中国甲公司发现部分车厘子因受潮已经霉变，同时运输途中因遭遇海啸，船长为维护船舶安全将100箱车厘子扔向海中。如果保险单注明投保的是平安险，关于本案请问下列选项中哪项是正确的？（单选）

A. 部分车厘子因受潮霉变的损失应由保险公司承担

B. 被扔向海中的100箱车厘子的损失不应由保险公司承担

C. 保险公司应对货物的全部损失负责

D. 部分车厘子因受潮霉变的损失属于单独海损

【考点】国际货物运输保险法律制度之险别

【解析】

平安险意外事故全赔，自然灾害中的单独海损不赔。部分车厘子因受潮霉变的损失属于一般外来风险中的单独海损，平安险不赔偿。选项A、C错误。

运输途中因遭遇海啸，船长为维护船舶安全将100箱车厘子扔向海中产生的损失属于自然灾害中的共同海损，平安险应当赔偿。选项B错误。

单独海损是指共同海损以外的货物部分损失。例如，货物遭遇强热带风暴部分湿损，运输途中部分货物受潮受热变质，装卸过程中部分货物钩损，等等。车厘子因受潮霉变的损失属于单独海损。选项D正确。

综上，本题正确答案为选项D。

【得分速记】

平安险海上风险全赔，自然灾害中的单独海损不赔。

10. 中国鱼米公司将十箱鱼以CIF价格销售给韩国棒棒公司，货物由中国天利公司负责运输，并投保了平安险。运输途中由于船长驾驶过失导致船舶碰到冰山，四箱货物毁损，后遇到暴雨导致剩下六箱货物遭遇雨淋。根据《海牙规则》，关于本案，请问下列哪些说法是正确的？（多选）

A. 承运人对于由于船长驾驶过失导致船舶碰到冰山导致的四箱货物的损失免责

B. 保险人对于遭遇雨淋的六箱货物的损失不予赔偿

C. 保险人对于由于船长驾驶过失导致船舶碰到冰山导致的四箱货物的损失不予赔偿

D. 承运人对于遭遇雨淋的六箱货物的损失不予赔偿

【考点】国际贸易私法、国际货物运输保险法律制度之险别

【解析】

根据《海牙规则》，承运人对航行过失免责，即船长、船员、引水员或承运人的雇佣人在驾驶或管理船舶中的行为、疏忽或不履行职责造成的货物损失承运人可以免责，因此，对于驾驶过失触礁导致的货损，承运人免责。选项A正确。

平安险的承保范围是：①自然灾害造成全部损失；②运输工具意外事故造成货物的全部或部分损失；③在运输工具已经发生搁浅、触礁、沉没、焚毁等意外事故的情况下，货物在此前后又在海上遭受恶劣气候、雷电、海啸等自然灾害所造成的部分损失；④在装卸或转运时由于一件或数件整件货物落海造成的全部或部分损失；⑤共同海损的牺牲、分摊和救助费用。本案中六箱货物损失属于自然灾害中的单独海损，不属于平安险的承保范围，保险公司不应赔偿。选项B正确。

船长驾驶过失导致船舶碰到冰山导致的四箱货物的损失属于意外事故导致的损失，属于平安险承保范围。选项C错误。

雨淋属于自然灾害，承运人无过错，依据《海牙规则》，承运人不予赔偿。选项D正确。

综上，本题正确答案为选项ABD。

【得分速记】

根据《海牙规则》，承运人对航行过失免责。

【第三章必背句】

1 承运人无单放货——没有上限，赔完为止。

2【一句话搞定运输制度】

无过错绝不担责；有过错海牙维斯比小赖皮，汉堡正人君子。

3 共同海损和单独海损全部都是部分损失。

共同海损——英雄的部分损失。

单独海损——倒霉的部分损失。

4【保险制度】

平安险——海上风险全赔，但自然灾害里的单独海损不赔。

水渍险——海上风险全赔。

一切险——特别特殊不赔，其他全赔。

第四章
国际贸易支付

第一节　汇付和托收【银行托收 E】

考点一、汇付（了解即可）

汇付是指付款人通过银行，主动把款项汇给收款人的一种支付方式。一笔汇款业务中涉及汇款人、汇出行、汇入行或解付行、收款人四个基本当事人。一般情况下，汇款人即是进口商，汇出行是进口地银行，汇入行是出口地银行，收款人即是出口商。汇付方式一般可分为信汇、电汇、票汇三种。

考点二、托收

（一）托收概述

托收是指在进出口贸易中，出口方开具以进口方为付款人的汇票，委托出口方银行通过其在进口方的分行或代理行向进口方收取货款的一种结算方式。包括 D/P（付款交单），与 D/A（承兑交单）。

托收属于商业信用，银行办理托收业务时，既没有检查货运单据正确与否或是否完整的义务，也没有承担付款人必须付款的责任。托收虽然是通过银行办理，但银行只是作为出口人的受托人行事，并没有承担付款的责任。进口人不付款与银行无关，付款人是否付款是依其商业信用，银行并不承担责任，银行不垫付资金。出口人向进口人收取货款靠的仍是进口人的商业信用。

如果进口人拒绝付款，除非另外有规定，银行没有代管货物的义务，出口人仍然应该关心货物的安全，直到对方付清货款为止。

（二）跟单托收流程图

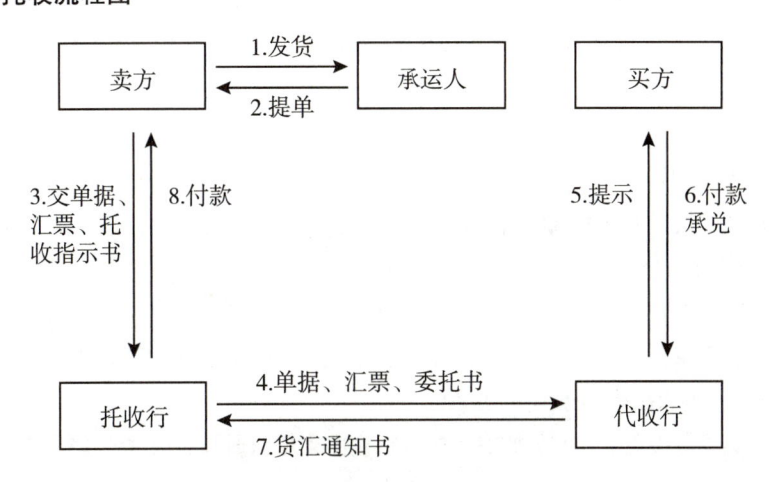

```
       1.发货
卖方 ──────────→ 承运人           买方
     ←──────────
       2.提单

  ↑  ↑                        ↑  ↑
3.交单据、 8.付款           5.提示  6.付款
汇票、托                            承兑
收指示书
  │  │                        │  │
        4.单据、汇票、委托书
托收行 ──────────────────→ 代收行
       ←──────────────────
        7.货汇通知书
```

托收核心图：

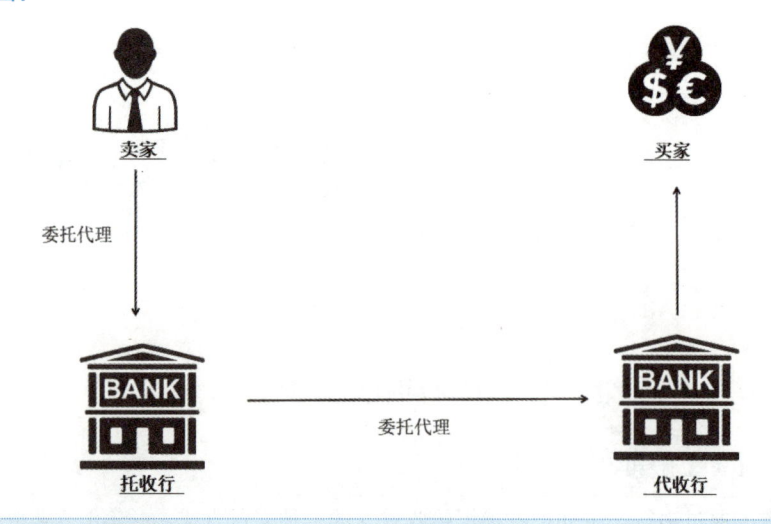

PlanB: 托收——卖家拜托银行帮忙收钱。

托收是商业信用，银行只管及时通知和收钱。

（三）托收种类

依汇票是否附有单据可以分为光票托收和跟单托收。

光票托收	光票托收是指仅凭汇票或单纯的资金单据而<u>不附有任何商业单据</u>所进行的托收。光票托收的风险较大，因此，一般只用于样品费、佣金、货款尾数等的结算
跟单托收	跟单托收是出口商根据合同备货出运后，<u>将跟单汇票</u>或将不带汇票的货运单据签送托收银行，委托代收货款的一种托收结算方式。跟单托收，虽以买卖合同为基础，但托收银行和代收银行只按委托人递交"无证出口托收申请书"所列内容代收货款，而不问合同内容如何及其履行情况，也无义务根据合同审核单据。进口商根据凭单付款合同，在托收单据寄达代收银行时，有权先检验单据，在单据符合合同的条件下，才履行付款责任或承兑远期汇票。跟单托收又可分为付款交单和承兑交单
	<u>付款交单</u>（简称 D/P）指代收行在买方<u>付清货款</u>后才将货运单据交给买方的付款方式。<u>承兑交单</u>（简称 D/A）指在开立远期汇票的情况下，代收行在接到跟单汇票后，要求买方对汇票<u>承兑</u>，在买方承兑后即将货运单据交付买方的托收方式，对卖方来说，承兑交单的风险大于付款交单

（四）银行的责任和免责

托收中买方付款，银行有义务及时将货款支付给卖方；但若买方拒付，银行无须承担付款义务，但有义务及时通知卖方拒付的情况。

依据《托收统一规则》，在以下 6 种情况下银行免责：

（1）对单据的<u>实质免责</u>。银行只须核实单据在表面上与托收指示书一致，对承兑人签名的真实性或签名人是否有签署承兑的权限等，概不负责。

（2）对传递<u>延误或遗失免责</u>。与托收有关的银行对由于任何通知、信件或单据在寄送途中发生延误或失落所造成的一切后果，或对电报、电传、电子传送系统在传送中发生延误、残缺和其他错误，或对专门性术语在翻译上和解释上的错误，概不负责。

（3）**不可抗力免责**。与托收有关的银行对由于天灾、暴动、骚乱、叛乱、战争或银行无法控制的任何其他原因，或者由于罢工或停工致使银行营业间断所造成的一切后果，概不负责。

（4）对**货物免责**。事先未征得银行同意，货物不应直接运交银行或以银行为收货人，银行对于跟单托收项下的货物无义务提取或采取任何其他措施。

（5）对**票据免责**。在汇票被拒绝承兑或拒绝付款时，若托收指示书上无特别指示，银行没有作出拒绝证书的义务。

（6）对**被指示方的行为免责**，托收行对代收行的行为免责。为使委托人的指示得以实现，银行使用另一银行或其他银行的服务是代该委托人办理的，因此其风险由委托人承担；即使银行主动地选择了其他银行办理业务，如该行所转递的指示未被执行，该行不承担责任或对其负责。

> **PlanB：**银行只管及时通知和收钱。

判断分析

1. 根据《托收统一规则》，如代收行未执行托收行的指示，托收行应对因此造成的损失对卖方承担责任。该说法是否正确？【错误。托收行对代收行的行为免责。】

2. 根据《托收统一规则》，如代收行未执行托收行的指示导致卖方损失，卖方无权直接起诉代收行。该说法是否正确？【正确。因为托收行对代收行的行为免责。】

3. 根据《托收统一规则》，当买方拒付时，代收行应当主动制作拒绝证书，以便收款人追索。该说法是否正确？【错误。银行没有作出拒绝证书的义务。】

4. 根据《托收统一规则》，若买方拒绝付款，代收行应无延误地向托收行发出买方拒付的通知。该说法是否正确？【正确。代收行应无延误地向托收行发出买方拒付的通知。】

5. 根据《托收统一规则》，若买方拒绝付款收单，代收行应当凭提单主动提货以减少卖方的损失。该说法是否正确？【错误。银行对于跟单托收项下的货物无义务提取或采取任何其他措施。】

第二节　银行信用证【信用证A】

信用证，是指银行根据进口人（买方）的请求，开给出口人（卖方）的一种保证承担支付货款责任的书面凭证。在信用证内，银行授权出口人在符合信用证所规定的条件下，以该行或其指定的银行为付款人，开具不得超过规定金额的汇票，并按规定随附装运单据，按期在指定地点收取货款。开证银行以自身的信誉为卖方提供付款的保证，因此信用证支付方式是一种银行信用。

考点一、程序

1. 国际货物买卖合同的双方在买卖合同中明确约定以信用证方式付款，同时买方向其所在地的银行提出开证申请，并缴纳一定的开证押金或其他保证以及开证费用，请求开证行向卖方开出信用证，最主要的是货物条款、单据条款。

2. 开证行依据开证申请书的内容开立信用证，同时将信用证寄交卖方所在地的通知行。

3. 卖方审核信用证无误后，发运货物并取得信用证所要求的全套单据，再依照信用证的规定凭单据向指定银行结汇。

4. 指定行付款后将汇票和全套单据寄给开证行要求索偿，开证行核对单据无误后偿付向受益人付款的指定行。

5. 开证行通知买方付款赎单。

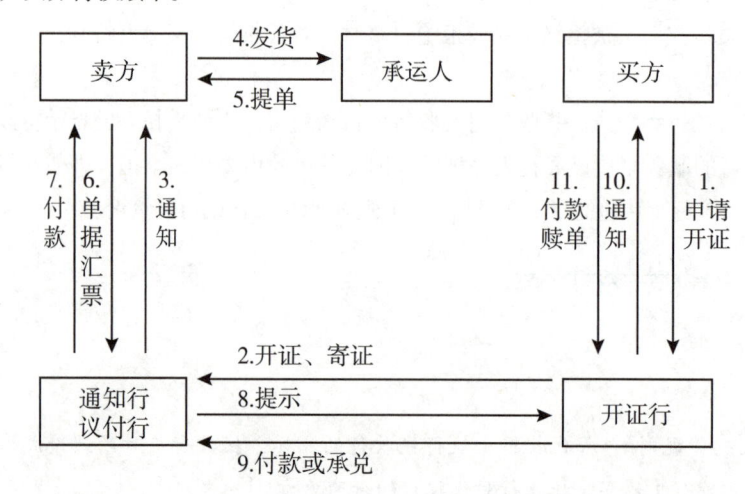

信用证核心图：

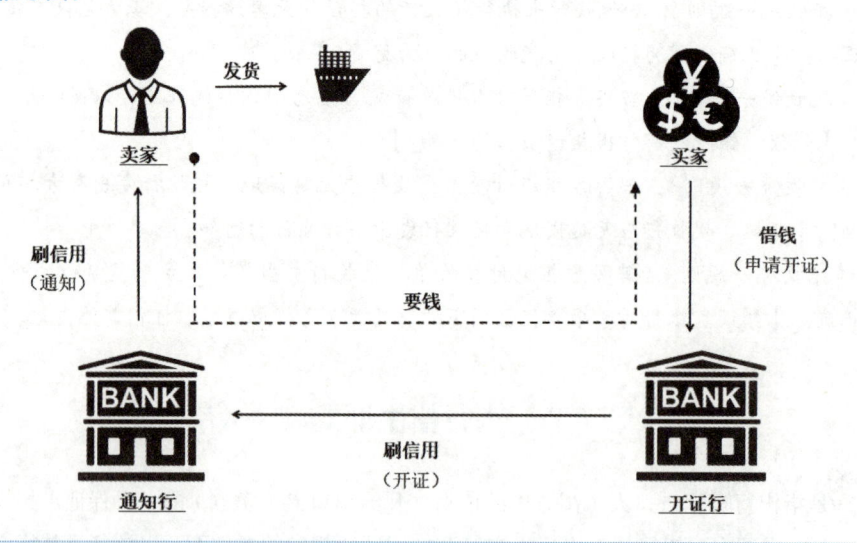

> **PlanB**：信用证——银行先刷信用后付钱。
> 银行形式审查，只要单单一致、单证一致就给钱。

考点二、信用证的基本法律问题

法律依据	《跟单信用证统一惯例》UCP600
性质	银行信用

开证行的义务和权利	权利：**单证一致、单单一致**条件下要求开证申请人（买方）付款赎单义务：**单证一致、单单一致**条件下向受益人（卖方）付款 信用证下的开证行承担单证一致、单单一致条件下的付款责任，这里的单证一致、单单一致指的是表面一致

1. 银行审单的细节规定

（1）银行审单期为 5 个工作日，不等于 5 天。

（2）当开证行发现单证或单单不符时，**可以**自行联系开证申请人，如接到开证申请人放弃不符点的通知，银行**可以**释放单据。当银行审单发现单证或单单有不符点时，是否联系申请人，是否释放单据，都是银行的**权利**，而非银行的义务。开证行发现信用证项下存在不符点后，**可以**自行决定是否联系开证申请人接受不符点。开证申请人决定是否接受不符点，并**不影响**开证行最终决定是否接受不符点。开证行和开证申请人另有约定的除外。

2. 开证行的免责

（1）对单据的**实质免责**：银行对任何单据的形式、完整性、准确性、真实性或法律效力，以及对单据上所载的或附加的一般或特殊条件，概不负责。

（2）对**买卖合同的实际履行状况免责**：银行不受买卖合同的约束或影响，不负买卖合同的履行情况及买卖当事人的资信等。

（3）对**传递延误或遗失免责**：银行对由于任何消息、信函或单据在传递过程中发生延误或遗失而引起的后果，或任何电讯在传递过程中发生延误、残缺或其他错误，概不负责。

（4）**不可抗力免责**。

（5）对**被指示方的行为免责**。

⚖ 判断分析

中国甲公司（卖方）与某国乙公司签订了国际货物买卖合同，规定采用信用证方式付款，由设在中国境内的丙银行通知并保兑。信用证开立之后，甲公司在货物已经装运，并准备将有关单据交银行议付时，接到丙银行通知，称开证行已宣告破产，丙银行将不承担对该信用证的议付或付款责任。

  a. 乙公司应为信用证项下汇票上的付款人。【错误。信用证本质是一种银行信用，付款人是银行。】

  b. 丙银行的保兑义务并不因开证行的破产而免除。【正确。银行说一不二，只要单单一致、单证一致，银行就应当付款。】

  c. 因开证行已破产，甲公司应直接向乙公司收取货款。【错误。银行说一不二，只要单单一致、单证一致，银行就应当付款。】

  d. 虽然开证行破产，甲公司仍可依信用证向丙银行交单并要求付款。【正确。银行说付款就一定会付款。】

考点三、信用证欺诈例外原则

信用证欺诈例外原则	承认信用证独立于基础合同的同时，也允许有例外，如果受益人确有欺诈行为，买方可以要求**法院**下令禁止银行对信用证付款，即通过止付令反欺诈

发出止付令的条件 （苛刻）	（1）只能由有管辖权的法院发出 （2）有欺诈的确凿证据 （3）有可靠、充分的担保 （4）信用证下任何一家关联银行均未善意地付款或承兑
时间限制	人民法院接受中止支付信用证项下款项申请后，必须在 48 小时内作出裁定；裁定中止支付的，应当立即开始执行

判断分析

中国法院认定存在信用证欺诈的，应当裁定中止支付或者判决终止支付信用证项下款项，但存在除外情形。关于除外情形，请判断下列说法的正误：

a. 开证行的指定人、授权人已按照开证行的指令善意地进行了付款。【正确。开证行的指定人、授权人已按照开证行的指令善意地进行了付款属于信用证止付的除外情形。】

b. 开证行或者其指定人、授权人已对信用证项下票据善意地作出了承兑。【正确。开证行或者其指定人、授权人已对信用证项下票据善意地作出了承兑属于信用证止付的除外情形。】

c. 保兑行善意地履行了付款义务。【正确。保兑行善意地履行了付款义务属于信用证止付的除外情形。】

d. 议付行善意地进行了议付。【正确。议付行善意地进行了议付属于信用证止付的除外情形。】

> 【第四章必背句】
> 1 托收——拜托银行帮忙收钱。
> 2 托收银行的义务——银行只管及时通知和收钱。
> 3 信用证——银行用信用做证明。
> 4 信用证——银行讲信用，只要单单一致、单证一致就给钱。

第五章 对外贸易管理制度

第一节 《对外贸易法》【对外贸易法 E】

我国《对外贸易法》是我国对货物进出口、技术进出口和国际服务贸易进行管理和控制的法律依据。在地域范围上，其不适用于中华人民共和国的单独关税区。

对外贸易经营者：

（1）外贸经营者的主体范围扩大到自然人，"法人、其他组织和个人"都可以成为外贸经营者。

（2）之前外贸经营权的获得权由审批制改为登记备案制，规定"依法办理工商登记或者其他执业手续"即可获得对外贸易经营者的资格。但自 2022 年 12 月 30 日之日起，从事货物进出口和技术进出口的对外贸易经营者无需办理备案登记。

考点一、货物与技术进出口

货物和技术都分为禁止进出口、限制进出口和自由进出口三类。《对外贸易法》第 15 条对限制或禁止的货物、技术进出口作出了规定，明确国家基于下列原因，可以限制或者禁止有关货物、技术的进口或者出口。

（一）可禁止可限制

（1）为维护国家安全、社会公共利益或者公共道德，需要限制或者禁止进口或者出口的。

（2）为保护人的健康或者安全，保护动物、植物的生命或者健康，保护环境，需要限制或者禁止进口或者出口的。

（3）为实施与黄金或者白银进出口有关的措施，需要限制或者禁止进口或者出口的。

（4）国内供应短缺或者为有效保护可能用竭的自然资源，需要限制或者禁止出口的。

（二）只能限制

（1）输往国家或者地区的市场容量有限，需要限制出口的。

（2）出口经营秩序出现严重混乱，需要限制出口的。

（3）为建立或者加快建立国内特定产业，需要限制进口的。

（4）对任何形式的农业、牧业、渔业产品有必要限制进口的。

（5）为保障国家国际金融地位和国际收支平衡，需要限制进口的。

（6）依照法律、行政法规的规定，其他需要限制或者禁止进口或者出口的。

（7）根据我国缔结或者参加的国际条约、协定的规定，其他需要限制或者禁止进口或者出口的。

判断分析

1. 对外贸易经营者未依规定办理备案登记的，海关不予办理报关验放手续。该说法是否正确？【错误。无需办理备案登记。】

2. 个人须委托具有资格的法人企业才能从事对外贸易业务。该说法是否正确？【错误。外贸经营者的主体范围扩大到自然人。】

3. 我国对外贸经营主体已无任何限制。该说法是否正确？【错误。必须具备一定的民事行为能力。】

考点二、国际服务贸易（了解即可）

（一）可禁止可限制

（1）为维护国家安全、社会公共利益或者公共道德，需要限制或者禁止的。

（2）为保护人的健康或者安全，保护动物、植物的生命或者健康，保护环境，需要限制或者禁止的。

（二）只能限制

（1）为建立或者加快建立国内特定服务产业，需要限制的。

（2）为保障国家外汇收支平衡，需要限制的。

（3）依照法律、行政法规的规定，其他需要限制或者禁止的。

（4）根据我国缔结或者参加的国际条约、协定的规定，其他需要限制或者禁止的。

注意：对外贸易调查

为了维护对外贸易秩序，国务院对外贸易主管部门（商务部）可以自行或会同国务院其他有关部门，依照法律、行政法规的规定对可能影响货物、技术进出口或国际服务贸易的事项进行调查。

第二节　贸易救济措施

考点一、反倾销措施【反倾销措施A】

（一）适用条件

一成员要实施反倾销措施，必须遵守三个条件：第一，确定存在倾销的事实；第二，确定对国内产业造成了实质损害或威胁，或对相关产业造成实质阻碍；第三，确定倾销和损害之间存在因果关系。

倾销	若进口产品的出口价格低于正常价格，就会被认为存在倾销正常价值判断按顺序： （1）出口国（地区）的可比价格 （2）出口到第三国地区的可比价格或者原产国构成价
损害	实质损害、实质损害威胁或实质阻碍
因果关系	不要求倾销进口是国内产业损害的唯一原因

（二）调查程序

商务部发起	国内产业申请或商务部主动
初步裁定	终止调查或反倾销临时措施
终局裁定	取消临时措施、接受价格承诺或征收反倾销税
行政复审	对于反倾销税和价格承诺，商务部可以决定对其必要性进行复审；经利害关系方申请，商务部也可以对反倾销税和价格承诺的必要性进行复审
国内司法审查	与反倾销行政行为具有法律上的利害关系的个人或组织为利害关系人，可以针对商务部的终局裁定或行政复审决定，向人民法院提起行政诉讼。反倾销行政复审并非司法审查（行政诉讼）的必经程序

（三）反倾销措施

反倾销措施包括临时反倾销措施、价格承诺和反倾销税。

1.初裁决定确定倾销成立，并由此对国内产业造成损害的，可以采取临时反倾销措施：

（1）临时税或担保；

（2）进口经营者承担；

（3）终裁确定不征税或不追溯征税的，临时税应退回，担保应解除；反倾销税追溯征收的，适用"多退少不补"原则。

2.终局裁定：价格承诺或反倾销税（商务部调查，海关执行征收），关于价格承诺，出口经营者可以作出；主管机关可以接受；主管机关初裁之前不能寻求或接受价格承诺。关于反倾销税，进口经营者缴纳；原则上不追溯征收；一般不超过5年；税额不超过倾销幅度。

注意：反倾销税的征收期间

（1）反倾销税原则上只对终局裁定公告后再进口的产品征收。（不追溯）

（2）造成实质损害或实质损害威胁且已采取临时措施的，可以追溯至实施临时反倾销措施期间。

（3）有倾销历史或进口商明知且短期大量进口，可以追溯至临时措施前90天。

> **PlanB：反倾销——价格战**。
> ①价格承诺——卖家做，只能建议不能强迫。
> ②反倾销税——买家给，多退少不补。

⚖ 判断分析

1.商务部可以要求出口经营者作出价格承诺，否则相关产品不能进口。该说法是否正确？【错误。价格承诺不能要求，只能建议。】

2.在反倾销调查期间，商务部可以建议进口经营者作出价格承诺。该说法是否正确？【错误。关于价格承诺，出口经营者可以作出。】

3.对出口经营者作出的价格承诺，商务部应予接受。该说法是否正确？【错误。主管机关可以接受。】

4.反倾销税税额不应超过终裁决定确定的倾销幅度。该说法是否正确？【正确。反倾销税额不超过

倾销幅度。】

5.终裁决定确定的反倾销税额高于已付或应付临时反倾销税或担保金额的，差额部分不予征收。该说法是否正确？【正确。多退少不补。】

6.终裁决定确定的反倾销税额低于已付或应付临时反倾销税或担保金额的，差额部分不予退还。该说法是否正确？【错误。多余税额应当退还。】

7.因美国乙公司出口到中国的电脑大幅度降价，中国电脑生产商甲公司2020年向商务部提出了反倾销调查申请，根据反倾销相关规则，请问下列哪些说法是正确的？（多选）

A.反倾销税的纳税人为美国乙公司
B.若商务部拒绝美国乙公司的价格承诺，应当说明理由
C.商务部可以要求美国乙公司作出价格承诺，否则相关产品不能进口
D.我国征收的反倾销税税额不应超过终裁决定确定的倾销幅度

【考点】贸易救济措施之反倾销措施
【解析】
反倾销税的承担者为进口经营者，本案中应当由进口买家承担。选项A错误。

商务部不接受价格承诺的，应当向有关出口经营者说明理由。选项B正确。

依《反倾销条例》第31条的规定，倾销进口产品的出口经营者在反倾销调查期间，可以向商务部作出改变价格或者停止以倾销价格出口的价格承诺。商务部可以向出口经营者提出价格承诺的建议。商务部不得强迫出口经营者作出价格承诺。选项C错误。

我国征收的反倾销税税额不应超过终裁决定确定的倾销幅度。选项D正确。

综上，本题正确答案为选项BD。

【得分速记】
反倾销税的承担者为进口经营者。

8.甲乙丙三国企业均向中国出口钢材，中国钢材产业认为进口钢材价格过低，向商务部提出了反倾销调查申请。根据我国《反倾销条例》，下列哪一选项是正确的？（单选）

A.若申请人不提供真实信息，商务部应当终止调查
B.商务部认为有必要出境调查时，必须通过司法协助途径
C.商务部可以建议但不能强迫出口经营者作出价格承诺
D.终裁决定确定的反倾销税额低于已付或应付临时反倾销税或担保金额的，差额部分不予退还

【考点】反倾销
【解析】即便申请人不提供真实信息，商务部依然可以根据其他信息进行调查。选项A错误。

司法协助，顾名思义适用主体是司法机关。商务部是行政机关，主体不适格，因此不能采用此方式。选项B错误。

商务部可以建议但不能强迫出口经营者作出价格承诺。选项C正确。

多退少不补，终裁决定确定的反倾销税额低于已付或应付临时反倾销税或担保金额的，差额部分应当退还。选项D错误。

综上，本题正确答案为选项C。

【得分速记】
（1）司法协助，顾名思义适用主体是司法机关。商务部是行政机关，不能采用此方式。

（2）反倾销税多退少不补。
（3）即便申请人不提供真实信息，商务部依然可以根据其他信息进行调查。

考点二、反补贴【反补贴措施C】

补贴要具有<u>专向性</u>，即该项财政资助要有特定给予的对象，目的是增加部分企业或产业的竞争力，这种补贴才具有不公平贸易的性质，才能被反补贴。"专向性"简单的判断标准是相关利益是否为部分企业或产业获得，其具体包括：

（1）由出口国政府明确确定的某些企业、产业获得的补贴；
（2）法规明确规定的某些企业、产业获得的补贴；
（3）指定人的企业获得的补贴；
（4）以出口实绩为条件获得的补贴，包括反补贴条例所附出口补贴清单列举的各项补贴；
（5）以使用本国（地区）产品替代进口为条件获得的补贴。在确定补贴的专向性时，还应考虑受补贴企业的数量和企业受补贴的数额、比例、时间以及综合开发补贴的方式等因素。

反补贴是指一国政府或国际社会为了保护本国经济健康发展，维护公平竞争的秩序，或者为了国际贸易的自由发展，针对补贴行为而采取必要的限制性措施，包括临时措施、承诺征收反补贴税。

适用条件	专向补贴： ①出口国政府<u>直接</u>或<u>间接</u>提供的<u>财政资助</u>使得接受者获得利益 ②补贴具有<u>专向性</u>，所谓专向性是指补贴给予特定对象，如企业或产业
	损害：<u>实质</u>损害、实质损害威胁或实质阻碍
	具有因果关系：专向补贴是损害的一个原因
措施	①基本同反倾销 ②区别：承诺的主体包括<u>出口国政府</u>或<u>出口经营者</u>

> **PlanB:** 反补贴——走向国际，国家不许给企业钱。

📙 判断分析

请判断下列哪些选项属于补贴：

a. 出口国政府出资兴建通向口岸的高速公路。【错误。出口国政府出资兴建通向口岸的高速公路属于一般基础设施，不属于补贴。】

b. 出口国政府给予企业的免税优惠。【正确。出口国政府给予企业的免税优惠，给了金钱帮助，因此属于补贴。】

c. 出口国政府提供的贷款。【正确。出口国政府提供的贷款，贷款也属于金钱帮助，国际市场上要注重公平国家不能给予金钱帮助，属于补贴。】

d. 出口国政府通过向筹资机构付款，转而向企业提供资金。【正确。出口国政府通过向筹资机构付款，转而向企业提供资金，也属于获得金钱帮助，属于补贴。】

考点三、保障措施【保障措施C】

保障措施是指成员在进口激增并对其国内产业造成<u>严重</u>损害或严重损害威胁时,依据《1994年GATT》所采取的进口限制措施。

适用条件	(1) 进口数量增加(绝对增加或相对增加) (2) 国内产业严重损害或<u>严重</u>损害威胁 (3) 损害与行为之间具有因果关系
调查程序	基本同反倾销,但有两点不同: (1) 没有司法审查的程序 (2) <u>初步裁定</u>不是必经程序
措施	初裁:临时保障措施(提高关税) 终裁:保障措施(<u>提高关税</u>或<u>数量限制</u>等)
期限	不超过4年,特殊情况下也不得超过10年
限制	(1) 针对进口产品实施,<u>不区分来源国</u>(地区) (2) 实施期限超过1年的,应当在实施期间内按固定时间间隔逐步放宽

注意:多边救济程序

对于反倾销措施、反补贴措施或保障措施,利害关系人除可提起国内诉讼或行政复议外,还可启动多边救济程序。即产品的出口商或生产商还可以通过本国政府,针对这些贸易救济措施向世界贸易组织提起争端解决程序。

> **PlanB:** 保障——打不过。

📝 判断分析

1. 关于保障措施,请判断下列说法正误:

a.保障措施中"国内产业受到损害",是指某种进口产品数量增加,并对生产同类产品或直接竞争产品的国内产业造成实质损害或实质损害威胁。【错误。适用保障措施要求的产业损害程度为严重损害或严重损害威胁,而不是实质损害。】

b.终裁决定确定不采取保障措施的,已征收的临时关税应当予以退还。【正确。关于关税,多退少不补。终裁决定确定不采取保障措施的,已征收的临时关税应当予以退还。】

2.进口中国的某类化工产品2015年占中国的市场份额比2014年有较大增加,经查,两年进口总量虽持平,但仍给生产同类产品的中国产业造成了严重损害。依我国相关法律,下列哪一选项是正确的?(单选)

A.受损害的中国国内产业可向商务部申请反倾销调查

B.受损害的中国国内产业可向商务部提出采取保障措施的书面申请

C.因为该类化工产品的进口数量并没有绝对增加,故不能采取保障措施

D.该类化工产品的出口商可通过价格承诺避免保障措施的实施

【考点】保障措施

【解析】"两年进口总量虽持平,但仍给生产同类产品的中国产业造成了严重损害",该项表明应当

第五章 对外贸易管理制度

采取的措施为保障措施，故 A 选项反倾销错误。保障措施应当书面向商务部提出。选项 B 正确。

进口产品数量增加，是指进口产品数量的绝对增加或者与国内生产相比的相对增加。选项 C 错误。

保障措施的实施形式包括临时保障措施（提高关税）和保障措施（提高关税、数量限制等），不包括价格承诺。选项 D 错误。

综上，本题正确答案为选项 B。

【得分速记】

（1）保障措施应当书面向商务部提出，其要求的损害为严重损害。

（2）保障措施的实施方式可以是提高关税、数量限制，但不包括价格承诺。

【第五章必背句】

1 "法人、其他组织和个人"都可以成为外贸经营者，对外贸易经营者无需办理备案登记。

2 反倾销——价格战。

价格承诺——卖家做，只能建议不能强迫。

反倾销税——买家给，多退少不补。

3 保障——打不过。

（保障没有价格承诺）

第六章
世界贸易组织（WTO）

中国于 2001 年 12 月 11 日加入世界贸易组织后，在世界贸易组织中的权利义务由两个部分组成：一部分是各成员都承担的规范性义务；另一部分是中国承担的独特义务，即《中国加入世界贸易组织议定书》及作为其附件的《中国入世工作组报告》中中国作出的承诺。WTO 不是只对国家开放的政府间国际组织，其成员包括主权国家和单独关税区。

注意：

（1）在 WTO 现行有效的协议中，仅《民用航空器贸易协议》和《政府采购协议》对中国没有约束力。

（2）政府采购，包括政府采购货物、知识产权和服务，都由《政府采购协议》调整，未被纳入 WTO 多边规则。

考点一、WTO 的最惠国待遇原则【WTO 基本原则 C】

最惠国待遇原则是世界贸易组织的基本原则之一。最惠国待遇原则要求成员方之间相互给予最惠国待遇，即关贸总协定的缔约原则是：一个成员给予另一个成员方的贸易优惠和特许必须自动给予所有其他成员。作为世界贸易组织的一项最基本、最重要的原则，最惠国待遇原则对规范成员之间的货物贸易，推动国际贸易的扩大和发展起了重要的作用。

作用	实现非歧视
对象	货物；知识产权和知识产权持有者；服务贸易和服务贸易提供者
特点	（1）自动性：当一成员国给予其他国家的优惠超过其他成员享有的优惠时，其他成员便自动享有这种优惠 （2）同一性：当一成员给予其他国家的某种优惠自动地转给其他成员时，受惠标的必须相同 （3）相互性：任何一成员既是受惠方，又是给惠方。即在享受最惠国待遇权利时，也承担最惠国待遇义务 （4）普遍性：最惠国待遇适用于全部进出口产品、服务贸易的各个部门和所有种类的知识产权的所有者和持有者

第六章　世界贸易组织（WTO）

例外	（1）边境贸易 （2）普遍优惠待遇（发达国家单方给予发展中国家的优惠待遇） （3）区域（包括关税同盟和自由贸易区）经济安排 （4）征收反倾销税或反补贴税
修改	须全体成员同意

> **PlanB:** 最惠国待遇——给**别人**什么，也给我什么。
> 国民待遇——你**自己**用什么，我也用什么。

判断分析

1. 甲乙丙三国为世界贸易组织成员，丁国不是该组织成员。关于甲国对进口立式空调和中央空调的进口关税问题，根据《关税与贸易总协定》，请判断下列说法是否违反最惠国待遇：

a. 甲国给予来自乙国的立式空调和丙国的中央空调以不同的关税。【正确。只有来源于成员国的同类产品才能享受最惠国待遇。立式空调与中央空调并不属于相同产品，可以给予不同的进口关税。】

b. 甲国给予来自乙国和丁国的立式空调以不同的进口关税。【正确。只有来源于成员国的同类产品才能享受最惠国待遇。虽然是同类产品，但是丁国不是世贸组织成员。】

c. 因实施反倾销措施，导致从乙国进口的立式空调的关税高于从丙国进口的。【正确。《关税与贸易总协定》允许对造成国内产业损害的倾销进口征收反倾销税。】

d. 甲国给予来自乙丙两国的立式空调以不同的关税。【错误。只有来源于成员国的同类产品才能享受最惠国待遇。乙国和丙国都是WTO的成员方，所涉及的产品为同类产品，但进口关税却不同。】

2. 甲国A公司在乙国销售进口药品，为此开了十多家药店，后A公司发现乙国对其销售的某类进口药品征收比国产同类药品更高的国内税。甲乙两国都是WTO成员，根据WTO相关规定，下列哪些说法是正确的？（多选）

A. 为保护本国医药业，乙国有权对进口药品征收更高的国内税

B. A公司应就其在乙国的营业所得向乙国征税

C. 乙国违反了最惠国待遇原则

D. 乙国违反了国民待遇原则

【考点】国民待遇

【解析】国民待遇，要求对于同类产品的国内税费不应超出对本国同类产品直接或间接所征收的国内税费。否则就违反了国民待遇原则。

因此针对同类药品，要一视同仁。选项A错误，选项D正确。

依据来源国税收管辖权，因为甲国A公司在乙国销售进口药品，为此开了十多家药店，所以乙国依据属地管辖当然可以对其在乙国的所得进行征税。选项B正确。

国民待遇是跟自己国家的待遇做对比，最惠国待遇是和给第三方国家的待遇做对比，参考标准不同。本题很明显是外国药品和乙国国内药品比，属于国民待遇不是最惠国待遇。选项C错误。

综上，本题正确答案为选项BD。

【得分速记】

（1）国民待遇，要求对于同类产品的国内税费不应超出对本国同类产品直接或间接所征收的国内税费。

（2）国民待遇是跟自己国家的待遇做对比，最惠国待遇是和给第三方国家的待遇做对比，参考标准不同。

考点二、重要协定【WTO 重要协议 A】

（一）《与贸易有关的投资措施协议》（TRIMs）

目的	维护货物贸易的国民待遇原则和**取消数量限制原则**
禁止性投资措施	（1）**当地成分**要求：要求企业购买或使用东道国产品作为生产投入 （2）**贸易平衡**要求：要求企业的进口小于其出口 （3）**进口用汇**限制：限制企业进口所需外汇的使用 （4）**国内销售**要求：要求企业的产品必须有一部分在国内销售

只有与"货物贸易"有关的措施才属于该协议的调整范围，才可能构成禁止性投资措施。

（二）《服务贸易总协定》（GATS）

1. 调整四种国际服务贸易

（1）**跨境交付**——服务本身跨境；

（2）**境外消费**——消费者跨境；

（3）**商业存在**——服务提供者跨境并设立机构；

（4）**自然人存在**——服务提供者跨境但不设立机构。

> **PlanB：**
> 跨境交付——国际网课
> 境外消费——出国旅游
> 商业存在——跨国机构
> 自然人存在——出国打工

2. 协定特点

（1）只是一个框架性协议，对成员服务市场的开放没有统一水平的要求；

（2）是否给予其他成员服务的市场准入和国民待遇，完全取决于各成员的承诺。

3. 最惠国待遇

（1）服务贸易领域也要求完全的最惠国待遇；

（2）最惠国待遇既适用于服务，也适用于服务提供者。

📝 判断分析

1. 中国某运动员应聘到美国担任乒乓球教练属于境外消费。该说法是否正确？【错误。属于**自然人存在**。】

2. 加拿大某银行在中国设立分支机构属于商业存在。该说法是否正确？【正确。服务提供者跨境并设立机构属于商业存在。】

3. 《服务贸易总协定》的最惠国待遇既适用于服务产品也适用于服务提供者。该说法是否正确？

【正确。最惠国待遇既适用于服务产品也适用于服务提供者。】

4.《服务贸易总协定》的国民待遇义务，仅限于各成员列入承诺表的部门。该说法是否正确？【正确。国民待遇义务，仅限于各成员列入承诺表的部门。】

5.为了促进本国汽车产业，甲国出台规定，如生产的汽车使用了 3.0% 国产零部件，即可享受税收减免的优惠。依世界贸易组织的相关规则，关于该规定，下列哪一选项是正确的？（单选）

A. 违反了国民待遇原则，属于禁止使用的与贸易有关的投资措施
B. 因含有国内销售的要求，是扭曲贸易的措施
C. 有贸易平衡的要求，属于禁止的数量限制措施
D. 有外汇平衡的要求，属于禁止的投资措施

【考点】与贸易有关的投资措施协议

【解析】"如生产的汽车使用了 3.0% 国产零部件，即可享受税收减免的优惠"，会促使本国的汽车制造商扩大国产零部件的使用比例，属于"当地成分要求"，明显的违反了国民待遇原则。选项 A 正确。

"国内销售要求"是要求企业的产品必须有一部分在国内销售；"贸易平衡要求"是将企业购买或使用的进口产品限制在与其出口的当地产品的数量或价值相关的水平；"外汇平衡要求"是将企业进行生产所需的进口产品限制在属于该企业流入的外汇的一定数量内。如上所述，本题性质为当地成分，故选项 B、C、D 错误。

综上，本题正确答案为选项 A。

【得分速记】

（1）"当地成分要求"，要求使用产品中包含当地的产品成分。

（2）"国内销售要求"，要求产品必须有一部分在国内销售。

（3）"贸易平衡要求"，将进口产品限制在与其出口的当地产品的数量或价值相关的水平，即进出平衡。

（4）"外汇平衡要求"，企业的进口产品限制在属于该企业流入的外汇的一定数量内，即进口与外汇平衡。

考点三、WTO 的争端解决机制【WTO 争端解决机制 A】

世界贸易组织的争端解决机制具有统一性的特点，该机制适用于任何成员间因 WTO 任何协议产生的争端，其以构成世界贸易组织多边贸易制度一部分的《关于争端解决规则与程序的谅解》（DSU）为基础。

争端解决的基本流程：

1. 磋商（磋商属于必经程序，时间为 60 天，磋商程序保密）。
2. 专家组审理（专家组属于非常设机构；审理内容须与争端方主张一致）。
3. 上诉机构审理，在专家组报告发布后 60 天内，任何争端方都可以向上诉机构提起上诉。（上诉机构属于常设机构，但是对于上诉机构而言，其只能审理法律问题，并且无权发回重审）
4. 争端解决机构通过报告，专家组和上诉机构的报告都须经争端解决机构讨论通过。（通过报告适用"反向一致原则"，俗称为一票赞成，即只有在争端解决机构的全体成员不赞成时方能否决专家组或上诉机构的报告）
5. 裁决的执行和监督。

6. 不执行裁决，争端方将获权交叉报复，交叉报复的权限程度应该与受损害程度相等。
注意：报复必须经过争端解决机构的授权，交叉报复的权限程度应该与受损害程度相等。

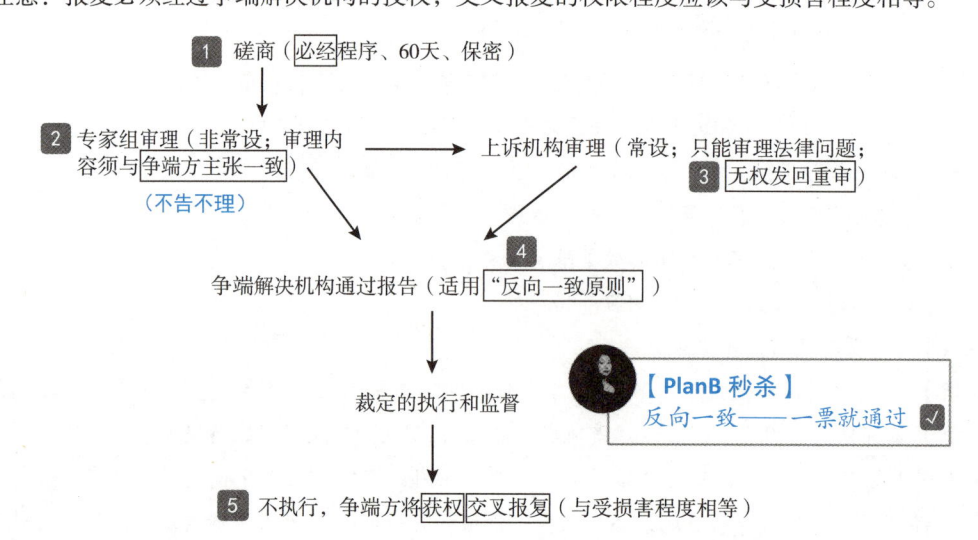

1 磋商（必经程序、60天、保密）

2 专家组审理（非常设；审理内容须与争端方主张一致）（不告不理） → 上诉机构审理（常设；只能审理法律问题； 3 无权发回重审）

4 争端解决机构通过报告（适用"反向一致原则"）

裁定的执行和监督

【PlanB 秒杀】
反向一致——一票就通过 ✓

5 不执行，争端方将获权交叉报复（与受损害程度相等）

🔨 判断分析

1. 关于世界贸易组织争端解决机制，请判断下列说法的正误：

a. 磋商是争端双方解决争议的必经程序。【正确。磋商是争端解决程序的重要组成部分，是申请设立专家组的前提条件和必经程序，需要注意的是只要有磋商这一步骤即可，充分不充分无所谓。】

b. 上诉机构为世界贸易组织争端解决机制中的常设机构。【正确。上诉机构是争端解决机构中的常设机构，主要负责对法律问题和法律解释进行审查。】

c. 如败诉方不遵守争端解决机构的裁决，申诉方可自行采取中止减让或中止其他义务的措施。【错误。在争端解决过程中，如败诉方不遵守争端解决机构的裁决，原申诉方可以向争端解决机构申请授权报复。因此不可以自主中止减让或中止其他义务，必须征得争端解决机构授权。】

d. 申诉方在实施报复时，中止减让或中止其他义务的程度和范围应与其所受到损害相等。【正确。交叉报复的权限程度应该与受损害程度相等。】

2. 甲、乙、丙三国均为WTO成员国，甲国给予乙国进口丝束的配额，但没有给予丙国配额，而甲国又是国际上为数不多消费丝束产品的国家。为此，丙国诉诸WTO争端解决机制。

a. 丙国生产丝束的企业可以甲国违反最惠国待遇为由起诉甲国。【错误。WTO争端解决机制只解决成员国与成员国的争端，不包括成员国的企业与另一成员国的争端。丙国生产丝束的企业主体不适格。】

b. 甲、丙两国在成立专家组之前必须经过"充分性"的磋商。【错误。磋商是必经程序，但只要磋商即可，不要求充分。】

c. 除非争端解决机构一致不通过相关争端解决报告，该报告即可通过。【正确。磋商是必经程序，但只要磋商即可，不要求充分。】

d. 如甲国败诉且拒不执行裁决，丙国可向争端解决机构申请授权对甲国采取报复措施。【正确。如果败诉方拒不执行裁决，申诉方可以向争端解决机构申请授权报复。】

3. 甲国某项投资法律要求外商投资企业必须购买东道国原材料作为生产投入，乙国认为该项措施违反了WTO的《与贸易有关的投资措施协议》，诉诸WTO争端解决机制。根据WTO相关规则，下列哪

第六章　世界贸易组织（WTO）

一选项是正确的？（单选）

A. 甲国投资法的该项规定属于进口用汇限制

B.《与贸易有关的投资措施协议》适用于与货物贸易、服务贸易和知识产权贸易有关的投资措施

C. 磋商是成立专家组之前的必经程序

D.WTO 争端解决机制涉及的范围限于货物贸易和服务贸易，不包括与贸易有关的投资措施等争端

【考点】WTO 争端解决机制

【解析】进口用汇限制的核心在于限制进口用汇，本题中甲国某项投资法律要求外商投资企业必须购买东道国原材料作为生产投入，很明显属于对当地产品进行了要求，属于当地成分要求。选项 A 错误。

《与贸易有关的投资措施协议》适用于货物贸易，不包含服务贸易和知识产权贸易有关的投资措施。选项 B 错误。

WTO 争端解决机制中，磋商是成立专家组之前的必经程序，只要磋商即可，充不充分无所谓。选项 C 正确。

WTO 争端解决机制的调整范围不仅限于一般的货物贸易，而是扩大到服务贸易、知识产权、与贸易有关的投资措施等方面。选项 D 错误。

综上，本题正确答案为选项 C。

【得分速记】

（1）《与贸易有关的投资措施协议》适用范围窄，只适用于货物贸易。

（2）WTO 争端解决机制管的宽，包括货物贸易、服务贸易、知识产权、与贸易有关的投资措施等。

【第六章必背句】

1 最惠国待遇——给别人什么，也给我什么

国民待遇——你自己用什么，我也用什么

2 服务贸易总协定：

跨境交付——国际网课

境外消费——出国旅游

商业存在——跨国机构

自然人存在——出国打工

3 反向一致——一票通过

第七章 国际经济法领域的其他法律制度

考点一、知识产权国际保护【国际知识产权法 A】

（一）《保护工业产权巴黎公约》的基本原则

1. 国民待遇原则

（1）主体：缔约国国民；在缔约国有住所或营业所的非缔约国国民。

（2）例外：司法和行政程序、指定代理人等。

各成员国在关于司法和行政程序、管辖以及选定送达地址或指定代理人的法律规定等方面，凡工业产权法有所要求的，可以明确地予以保留。

2. 优先权原则

（1）优先权期限里每一次申请的申请日均为首次申请日（优先权日）。

（2）发明专利和实用新型专利的优先权期限为 12 个月。

（3）外观设计和商标的优先权期限为 6 个月。

3. 临时性保护原则

（1）对象：缔约国主办或承认的国际展览会上的展品中包含的工业产权。

（2）优先权日进一步提前到展品公开展出之日。

如果展品所有人在临时保护期内申请了专利或商标注册，则申请案的优先权日不再从第一次提交申请案时起算，而从展品公开展出之日起算。

4. 独立性原则

关于外国人的专利申请或商标注册，应由各成员国根据本国法律作出决定，不应受原属国或其他任何国家就该申请作出的决定的影响。

（二）《保护文学艺术作品伯尔尼公约》的基本原则

1. 国民待遇原则

（1）"作者国籍标准"：成员国国民和在成员国有惯常居所的非成员国国民，其作品无论是否发表。

（2）"作品国籍标准"：非成员国国民的作品在某一成员国首次发表或同时发表（30 天之内）。

2. 自动保护原则

享有及行使依国民待遇所提供的有关权利时，不需要履行任何手续。

3. 版权独立性原则

是否保护及保护水平依保护国国内法。

（三）WTO《与贸易有关的知识产权协议》（TRIPS 协议）（了解即可）

《与贸易有关的知识产权协定》有七个部分，共 73 条。其中所说的"知识产权"包括：（1）著作权与邻接权；（2）商标权；（3）地理标志权；（4）工业品外观设计权；（5）专利权；（6）集成电路布线图设计权；（7）未披露的信息专有权。该协议首次将最惠国待遇原则纳入知识产权国际保护；首次规定了知识产权执法程序（民事、行政和刑事程序），进一步提高知识产权保护水平。

其特点包括下列三个：

1. 该协议是第一个涵盖了绝大多数知识产权类型的多边条约，既包括实体性规定，也包括程序性规定。这些规定构成了世界贸易组织成员必须达到的最低标准，除了在个别问题上允许最不发达国家延缓施行之外，所有成员均不得有任何保留。这样，该协议就全方位地提高了全世界知识产权保护的水准。

2. 该协议是第一个对知识产权执法标准及执法程序作出规范的条约，对侵犯知识产权行为的民事责任、刑事责任以及保护知识产权的边境措施、临时措施等都作了明确规定。

3. 该协议引入了世界贸易组织的争端解决机制，用于解决各成员之间产生的知识产权纠纷。过去的知识产权国际条约对参加国在立法或执法上违反条约并无相应的制裁条款，TRIPS 协议则将违反协议规定直接与单边及多边经济制裁挂钩。

判断分析

1. 甲国和中国均为《保护工业产权巴黎公约》缔约国，甲国仙子公司发明一种环保涂料，于 2018 年 12 月 1 日在甲国提出了专利申请，并自 2019 年初开始在中国销售该种涂料。中国魔童公司发明了同样的环保涂料，于 2019 年 12 月 10 日向中国有关机关提出了专利申请。

a. 魔童公司无权就该种涂料在中国申请专利。【错误。专利权具有地域性，在一国提起专利权并不影响其他公司在其他地域提起专利权。】

b. 若魔童公司获得专利授权，仙子公司继续在中国销售该种涂料，应经魔童公司授权。【正确。若魔童公司获得专利授权，仙子公司继续在中国销售该种涂料，应经魔童公司授权。】

c. 因仙子公司申请在先，魔童公司专利权应该被宣告无效。【错误。专利具有独立性，同一发明在其他国家的专利申请，并不必然导致专利被宣告无效。】

2. 中国甲公司为牙膏生产公司，为其"芳芳"牙膏向英国与俄国申请"FANG FANG"商标，因英语"FANG"含有毒牙的意思，故英国不予注册，俄国给予了注册。根据 WTO 的《与贸易有关的知识产权协定》（TRIPS），英俄两国的不同做法违反了平等原则。【错误。依据知识产权的独立性原则，关于外国人的专利申请或商标注册，应由各成员国根据本国法律作出决定，不应受原属国或其他任何国家就该申请作出的决定的影响。】

考点二、国际投资法【国际投资法 A】

（一）多边投资担保机构

1. 性质：独立的国际法人。依国际条约建立的一个国际保险机构（具有国际组织的性质），承保私人投资者向发展中国家投资的政治风险（险别基本同海外投资保险制度）。

2. 主要承保险别：政治风险。

诸如货币汇兑险、征收或类似措施险、战争内乱险、政府违约险等。需要注意的是，战争内乱不管东道国是否为一方或是否发生在东道国境内，政府违约险需要东道国违约且投资者无法寻求当地救济。

3.多边投资担保机制：

多边投资担保机制的法律基础是《多边投资担保机构公约》，多边投资担保机构具有完全的国际法律人格，属于国际法主体，其承保的风险限于政治风险。

多边投资担保机制中，投资者可以是东道国以外的自然人、法人，满足特殊条件，也可以是东道国的自然人、法人，但只有发展中国家才能成为多边投资担保机制中的合格东道国。

> **PlanB：** 多边投资担保机构——投资担保，只保发展中国家。

（二）《解决国家和他国国民间投资争端公约》

《解决国家和他国国民间投资争端公约》的目的是成立一个"解决投资争端的国际中心"，作为世界银行的一个下属独立机构，为各缔约国和其他缔约国国民之间的投资争端的解决提供调解或仲裁的便利。

1.行使管辖权的条件

（1）主体：①东道国和外国投资者；②东道国和受外资控制的东道国法人。

（2）客体：因国际投资而引起的法律争端。

（3）主观条件：争端双方同意中心管辖的书面文件。

2.行使管辖权的后果

（1）排除了其他争端解决方式。

（2）东道国仍有权要求对方用尽当地救济。

3.适用的法律

（1）意思自治优先——东道国的国内法或者可适用的国际法规则。

（2）双方均同意可以根据公平和善意原则对争端作出裁决。

4.裁决具有终局性和约束力。

⚖️ 判断分析

1.关于《解决国家和他国国民间投资争端公约》和依其设立的解决国际投资争端中心，请判断下列说法正误：

a.中心管辖直接因投资引起的法律争端。【正确。中心的管辖适用于缔约国和另一缔约国国民之间直接因投资而产生的任何法律争端，而该项争端经双方书面同意提交给中心，不得单方面撤销其同意。】

b.批准或加入公约本身并不等于缔约国承担了将某一特定投资争端提交中心调解或仲裁的义务。【正确。批准不代表接受国际条约约束，还需要一国国内法对其进行审核，不违背其国内法。】

2.甲国A公司在乙国投资设立B公司，并就该投资项目向多边投资担保机构投保货币汇兑险。A公司的某项产品发明在甲国首次申请专利后，又在乙国提出同一主题的专利申请，同时要求获得优先权保护。甲乙两国都是《多边投资担保机构公约》和《保护工业产权巴黎公约》的缔约国，请判断下列说法正误：

a.乙国应为发展中国家。【正确。多边投资担保机构担保投资者向发展中国家的投资。】

b.乙国的外汇管制是商业风险，不属于货币汇兑险的承保范围。【错误。外汇管制属于政治风险，属于货币汇兑险的承保范围。】

c.乙国有权要求A公司委派乙国境内的本地专利代理机构申请专利。【正确。专利权具有地域性，

被请求国家有权要求外国专利申请人必须委派当地国家的代理人代理申请专利。】

d. 即使 A 公司在甲国的专利申请被驳回，也不影响其在乙国申请的优先权。【正确。专利权具有独立性。即使 A 公司在甲国的专利申请被驳回，也不影响其在乙国申请的优先权。】

考点三、国际融资法【国际融资法 A】

（一）特别提款权

特别提款权亦称"纸黄金"，最早发行于 1969 年，是国际货币基金组织根据会员国认缴的份额分配的，可用于偿还国际货币基金组织债务、弥补会员国政府之间国际收支逆差的一种账面资产。会员国在发生国际收支逆差时，可用它向基金组织指定的其他会员国换取外汇，以偿付国际收支逆差或偿还基金组织的贷款，还可与黄金、自由兑换货币一样充当国际储备。因为它是国际货币基金组织原有的普通提款权以外的一种补充，所以称为特别提款权。

衍生作用：
（1）可与黄金、外汇一起作为国际储备；
（2）作为一种账面资产或记账货币，可用于办理政府间结算；
（3）由篮子货币定值（2016 年 10 月 1 日人民币入篮），币值稳定，常用作计价和定值单位。

（二）国际融资担保

方式	特点
见索即付的保函	（1）独立性：不受基础合同效力的影响 （2）连带性：担保人没有先诉抗辩权 （3）无条件：索偿只需符合担保合同规定的手续，提交违约证明等单证
备用信用证	备用信用证又称担保信用证，是指不以清偿商品交易的价款为目的，而以贷款融资，或担保债务偿还为目的所开立的信用证 其特点为银行作出的独立、连带保证，不是贸易支付方式，只要受益人出具信用证要求的违约证明，开证行即履行付款义务，并不需要对违约的事实进行实质审查
意愿书	意愿书又称"安慰信"，一般指由母公司或金融机构或一国政府写给与其子公司或客户或下属政府机构交易的贷款人、招标人或贸易商的，意在对它们之间发生的商业往来表示安慰或担保的信函。意愿书没有法律执行力
浮动抵押	是一种特别抵押，指抵押人将其现在和将来所有的全部财产或者部分财产上设定的担保。在行使抵押权之前，抵押人对抵押财产保留在正常经营过程中的处分权。浮动抵押之中的抵押物价值是不确定的
银团贷款	银团贷款中各个贷款银行独立担责，相互不承担连带责任 银团贷款可以通过直接银团贷款与间接银团贷款展开。直接银团贷款为各个贷款银行分别与借款人签订合同；间接银团贷款为牵头银行与借款人签订合同。在银团贷款中可以要求借款人提供消极担保，所谓消极担保是指借款人向贷款银团所做的不从事某一行为的保证，即借款人向贷款银团所做的否定保证

判断分析

1. 中国甲公司在承担中东某建筑工程时涉及一系列分包合同和买卖合同，并使用了载明适用《见索即付保函统一规则》的保函。后涉及保函的争议诉至中国某法院。只要受益人提交的单据与独立保函条款、单据与单据之间表面相符，开立人就须独立承担付款义务。【正确。受益人提交的单据与独立保函条款之间、单据与单据之间表面相符，受益人请求开立人依据独立保函承担付款责任的，人民法院应予支持。】

2. 我国某地方政府为引进外国L公司的投资做出了一些承诺并为此出具了意愿书。L公司为完成投资项目，由我国甲银行作为牵头银行为L公司组织了银团贷款。后因政策改变L公司的投资项目不能履行，根据国际经济法的相关规则和实践，下列哪项判断是正确的？（单选）

A. 我国某地方政府应对其提供的意愿书承担法律责任
B. 银团内各个贷款银行应相互承担连带责任
C. 应当由甲银行和L公司单独签订贷款合同
D. 可以由银团内各个贷款银行与L公司签订贷款合同

【考点】国际融资担保方式

【解析】意愿书又称"安慰信"，一般指由母公司或金融机构或一国政府写给与其子公司或客户或下属政府机构交易的贷款人、招标人或贸易商的、意在对它们之间发生的商业往来表示安慰或担保的信函。意愿书没有法律执行力。选项A错误。

银团贷款中各个贷款银行独立担责，相互不承担连带责任。选项B错误。

银团贷款可以通过直接银团贷款与间接银团贷款展开。直接银团贷款为各个贷款银行分别与借款人签订合同；间接银团贷款为牵头银行与借款人签订合同。选项C错误，选项D正确。

综上，本题正确答案为选项D。

【得分速记】
（1）意愿书没有法律执行力。
（2）银团贷款中各个贷款银行独立担责。

考点四、出口管制【出口管制法A】

管理方法：根据出口管制政策，按照规定程序会同有关部门制定、调整管制物项出口管制清单，并及时公布。

管理主体：

1. 国务院、中央军事委员会。

2. 经国务院批准，或者经国务院、中央军事委员会批准，国家出口管制管理部门会同有关部门可以禁止相关管制物项的出口，或者禁止相关管制物项向特定目的国家和地区、特定组织和个人出口。

管制客体：

两用物项、军品、核以及其他与维护国家安全和利益、履行防扩散等国际义务相关的货物、技术、服务等物项。

临时管制：

临时管制的实施期限不超过二年。临时管制实施期限届满前应当及时进行评估，根据评估结果决定取消临时管制、延长临时管制或者将临时管制物项列入出口管制清单。

出口许可：

出口管制清单所列管制物项以及临时管制物项之外的货物、技术和服务，出口经营者知道或者应当知道，或者得到国家出口管制管理部门通知，相关货物、技术和服务可能存在以下风险的，应当向国家出口管制管理部门申请许可：

（一）危害国家安全和利益；

（二）被用于设计、开发、生产或者使用大规模杀伤性武器及其运载工具；

（三）被用于恐怖主义目的。

出口经营者无法确定拟出口的货物、技术和服务是否属于本法规定的管制物项，向国家出口管制管理部门提出咨询的，国家出口管制管理部门应当及时答复。

管制物项的最终用户应当承诺，未经国家出口管制管理部门允许，不得擅自改变相关管制物项的最终用途或者向任何第三方转让。

管制措施：

国家出口管制管理部门对涉嫌违反本法规定的行为进行调查，可以采取下列措施：

（一）进入被调查者营业场所或者其他有关场所进行检查；

（二）询问被调查者、利害关系人以及其他有关组织或者个人，要求其对与被调查事件有关的事项作出说明；

（三）查阅、复制被调查者、利害关系人以及其他有关组织或者个人的有关单证、协议、会计账簿、业务函电等文件、资料；

（四）检查用于出口的运输工具，制止装载可疑的出口物项，责令运回非法出口的物项；

（五）查封、扣押相关涉案物项；

（六）查询被调查者的银行账户。

采取前款第五项、第六项措施，应当经国家出口管制管理部门负责人书面批准。

判断分析

中国人杨某和甲公司都从事某种商品的出口，该种商品在国外颇受欢迎销量可观。后该种商品被列入我国出口管制清单，根据《对外贸易法》和《出口管制法》的相关规定，请判断下列说法正误：

a. 杨某作为自然人不能从事对外贸易活动。【错误。对外贸易经营者的主体范围扩大到自然人，"法人、其他组织和个人"都可以成为外贸经营者。】

b. 该种商品出口应申领出口许可证。【正确。出口管制清单所列管制物项以及临时管制物项之外的货物、技术和服务，出口经营者知道或者应当知道，或者得到国家出口管制管理部门通知，相关货物、技术和服务可能存在以下风险的，应当向国家出口管制管理部门申请许可。】

c. 外国进口商不能擅自改变该种进口商品的最终用途。【正确。管制物项的最终用户应当承诺，未经国家出口管制管理部门允许，不得擅自改变相关管制物项的最终用途或者向任何第三方转让。】

考点五、《区域全面经济伙伴关系协定》RCEP

2020年11月15日，中国、东盟十国等15个国家正式签署了《区域全面经济伙伴关系协定》Regional Comprehensive Economic Partnership（RCEP），这标志着当前世界上人口最多、经贸规模最大、最具发展潜力的自由贸易区正式开始建立，该协定已于2022年1月1日正式生效。

RCEP 是当今覆盖世界人口最多、经贸规模最大的自由贸易协定，区域内 90% 以上的货物贸易最终将实现零关税。在服务贸易方面，15 个成员国均作出了高于各自自贸协定水平的开放承诺。同时各国进一步降低和取消区域内的非关税壁垒，如果有更优惠的税率可以适用更优惠税率。

考点六、国际税法【国际税收法 A】

（一）国家税收管辖权

1. 居民税收管辖权和来源地税收管辖权。

居民税收管辖权是指一国政府对本国纳税居民的环球所得享有的征税权。纳税人承担的是无限纳税义务。居民的认定标准：自然人主要有住所标准、居所标准和居住时间标准，我国兼采住所标准和居住时间标准。法人居民身份主要有法人注册登记地标准，实际控制与管理中心所在地标准或总机构所在地标准，我国兼采登记注册地标准和总机构所在地标准。

来源地税收管辖全称"收入来源国税收管辖权"，征税国对于在本国虽无税收居所，但却与本国有某种地域联系并从本国取得收益的外国个人有进行征税的权力。这里地域联系是指作为征税对象或纳税人的所得，与征税国存在着经济上的源泉关系。

如不动产所得，营业利润来源，劳务报酬来源，股息、利息、租金等所得分别与不动产所在地国、债务人或支付人所在国存在着联系。只要其所得与某国存在这种源泉性质的联系，作为来源泉的政府就有权要求这一非居民就来源于该国境内的这部分所得纳税。非居民只有履行了纳税义务，才能将有关财产和所得转移出境。

	居民税收管辖权	来源地税收管辖权
管辖权的依据	属人管辖权	属地管辖权
纳税主体	纳税居民	非纳税居民
征税对象	境内外所得	来源于本国的所得 （营业所得、投资所得、劳务所得和财产所得等）

2. 各国基本上适用"常设机构"（分支机构、办事处、工厂、矿场等）原则对营业所得从源征税。

（二）国际重复征税和国际重叠征税

1. 国际重复征税是"国内重复征税"的对称。指发生在国际范围内的重复征税。即两个或两个以上国家在同一纳税期内，对同一或不同跨国纳税人的同一征税对象或税源所进行的重复征税。

2. 国际重叠征税，又称"经济上的国际重复征税"。是指两个或两个以上国家根据各自的税收管辖权对同一所得在不同的有经济联系的纳税人手中各征税一次。

> **PlanB: 富人**

（三）国际逃税、国际避税、共同申报准则（CRS）

国际逃税行为是属于法律明确禁止的违法行为，而国际避税只是一种不道德的行为，并不明显具有违法的性质。

特别提示：国际税法实践中，国家之间主要通过签订双边税收协定来协调解决国际重复征税和国际重叠征税，国际逃税和国际避税问题。

160

第七章　国际经济法领域的其他法律制度

《金融账户信息自动交换标准》中的"共同申报准则"（CRS），其主要目的是国家间自动报告对方税收居民的金融账户信息，以打击国际逃避税。

（1）CRS 交换信息是<u>自动的</u>、无须提供理由的，每年一次。

（2）CRS 覆盖范围很广，几乎所有的海外的金融机构、银行、信托、券商、律所、会计事务所、提供各种<u>金融投资产品、特定的保险机构的账户</u>都在覆盖范围内，珠宝房产不在内。

判断分析

1. 甲乙两国均为 WTO 成员，甲国纳税居民马克是甲国保险公司的大股东，马克从该保险公司在乙国的分支机构获利 35 万美元。依《服务贸易总协定》及相关税法规则，两国均对马克的 35 万美元获利征税属于重叠征税。【错误。两国均对马克的 35 万美元获利征税属于<u>重复征税</u>。】

2. 甲国人李某长期居住在乙国，并在乙国经营一家公司，在甲国则只有房屋出租。在确定纳税居民的身份上，甲国以国籍为标准，乙国以住所和居留时间为标准。请判断下列说法正误：

a. 甲国只能对李某在甲国的房租收入行使征税权，而不能对其在乙国的收入行使征税权。【错误。甲国是依国籍确定纳税居民的身份，因此依据属人原则，其境内外所得都要征税。】

b. 甲乙两国可通过双边税收协定协调居民税收管辖权的冲突。【正确。由于各国在确定居民身份上采取了不同的标准，因此国家间可通过双边税收协定协调居民税收管辖权的冲突。】

c. 如甲国和乙国对李某在乙国的收入同时征税，属于国际重叠征税。【错误。"富人"，针对同一个"人"征税叫重复征税，针对不同"人"征税叫重叠征税。甲国和乙国对李某在乙国的收入同时征税，属于针对同一个"人"征税，叫做重复征税。】

d. 甲国对李某在乙国经营公司的收入行使的是所得来源地税收管辖权。【错误。居民税收管辖权依据属人原则，对境内外所得都征税；来源地税收管辖权依据属地原则，只对来源于本国的所得征税。甲国对乙国经营公司行使的是居民税收管辖权。】

3. 中国和新加坡都接受了《金融账户信息自动交换标准》标准中的"共同申报准则"（CRS），定居在中国的王某在新加坡银行和保险机构均有账户，同时还在新加坡拥有房产和收藏品等，下列哪些说法是正确的？（多选）

A. 王某可以自己持有巴拿马护照，要求新加坡不向中国报送其在新加坡的金融账户信息

B. 如中国未提供正当理由，新加坡无须向中国报送王某的金融账户信息

C. 新加坡应向中国报送王某在特定保险机构的账户信息

D. 新加坡可不向中国报送王某在新加坡的房产和收藏品信息

【考点】共同申报准则

【解析】CRS 是根据账户持有人税收居住地而不仅仅依账户持有人的国籍来作为识别依据。选项 A 错误。

CRS 交换信息是自动的、无须提供理由的，每年一次。选项 B 错误。

CRS 覆盖范围很广，几乎所有的海外的金融机构、银行、信托、券商、律所、会计事务所、提供各种金融投资产品、特定的保险机构的账户都在覆盖范围内。选项 C 正确。

注意 CRS 覆盖范围简之为金融投资和保险，投资海外房产、珠宝、艺术品、贵金属等不属于金融资产的品类，不需要申报。选项 D 正确。

综上，本题正确答案为选项 CD。

【得分速记】CRS 每年一次，自动交换金融账户信息。

> 【第七章必背句】
> 1 优先权——有效期内参加展览日就是申请日。
> 2 多边投资担保机构承保私人投资者向发展中国家投资的政治风险。
> 3 国家可以要求个人先用尽方式再找中心，也可以不要求。
> 4 特别提款权：一种账面资产。
> 5 出口管制：两用物项、军品、核以及其他与维护国家安全和利益、履行防扩散等国际义务相关的货物、技术、服务等物项。
> 6 富（复）人
> 针对同一个人征税的是重复征税；
> 针对不同人征税的是重叠征税。

——花会沿途盛开，你以后的路也是——